Konrad Stauner

EXERCITVS ROMANVS

Roms Streitkräfte im Überblick

Mit Illustrationen von Graham Sumner

Nünnerich-Asmus Verlag & Media

Impressum

64 Seiten mit 47 Abbildungen
Titelabbildung: Römische Legionäre auf dem Marsch. Weil der Heeresreformer Caius Marius (2. Jh. v. Chr.) sie ihr Gepäck selbst tragen ließ, nannte man sie auch marianische Maultiere.

Bibliografische Information der Deutschen Nationalbibliothek
Die Deutsche Nationalbibliothek verzeichnet diese Publikation in der Deutschen Nationalbibliografie; detaillierte bibliografische Daten sind im Internet über http://dnb.dnb.de abrufbar.

ISBN 978-3-96176-277-4

Lektorat: Lena Vogel, Tina Sieber
Gestaltung des Titelbildes: hjwiehr, Oppenheim
Gestaltung: Manuela Wirtz, Schüller

Aus Gründen der besseren Lesbarkeit wird auf die gleichzeitige Verwendung der Sprachformen männlich, weiblich und divers (m/w/d) verzichtet. Sämtliche Personenbezeichnungen gelten gleichermaßen für alle Geschlechter.

Printed in Europe by Nünnerich-Asmus Verlag & Media
Weitere Titel aus unserem Verlagsprogramm finden Sie unter:
www.na-verlag.de

Nünnerich-Asmus Verlag & Media GmbH, Krämerstraße 25, 55276 Oppenheim am Rhein
E-Mail: verlag@na-verlag.de

Inhalt

Einleitung

Das Büchlein, das Sie in Händen halten, vermittelt Ihnen einen Überblick über das römische Heer der Kaiserzeit vom 1. bis zum 3. Jh. n. Chr., mit einem Ausblick in die Spätantike. In anschaulicher Weise wird die wesentliche Zusammensetzung der römischen Streitkräfte aufgezeigt, wie sie sich nach dem Ende der Bürgerkriege 31 v. Chr. herauskristallisierte und über Jahrhunderte hinweg Bestand hatte.

Wenn vom römischen Heer, dem *exercitus Romanus*, die Rede ist, denken die meisten von uns an die Legionen Roms. Damit liegt man zwar richtig, erfasst aber bestenfalls die Hälfte des römischen Militärs. Denn die Truppen der Ewigen Stadt setzten sich bei Weitem nicht nur aus Bürgereinheiten, den Legionen, zusammen, sondern u. a. auch aus Hilfstruppen, die die Legionen unterstützten und in denen für gewöhnlich Nichtrömer dienten. Diese stammten aus den römischen Provinzen oder von außerhalb jener Gebiete, die unter Roms direkter Kontrolle standen. Dennoch ist der Legionär (*legionarius*) der Inbegriff des römischen Soldaten und so wollen wir unsere nachfolgende Betrachtung der Streitkräfte Roms mit den Legionen beginnen, den größten aller römischen Einheiten, um anschließend auch die anderen militärischen Formationen der mächtigen Stadt am Tiber in den Blick nehmen. Eröffnen wollen wir die Darstellung aber mit einem Blick auf den Kaiser als den Oberbefehlshaber über alle römischen Verbände.

Am Ende des Buches finden Sie Links zu Datenbanken. Dort können Sie mit Hilfe der angegebenen Quellenbelege die originalen Inschriften und Papyri mit Bildern bequem aufrufen. Im Glossar finden Sie verwendete lateinische Fachbegriffe mit Übersetzung.

Der Kaiser und sein Heer

Der Kaiser (Abb. 1) war höchster Repräsentant des Reiches und oberster Vorgesetzter aller römischen Soldaten (*milites*), die ihm durch einen Treueeid (*sacramentum*) verbunden und zu Gehorsam verpflichtet waren. Als Oberbefehlshaber musste er sich wiederum

Abb. 1: *Augustus, der erste römische Kaiser (27 v. Chr.–14 n. Chr.), wie ihn die berühmte Statue von Primaporta zeigt (ca. 20 v. Chr.; Original in den Vatikanischen Museen). Dieser Statuentyp war überall im Reich präsent: ein idealisiert, jugendlich-kraftvoll dargestellter Kaiser in militärischer Tracht mit Brustpanzer (darauf der parthische König bei der Rückgabe römischer Feldzeichen an die Römer) und Feldherrnmantel (paludamentum). Das Selbstbildnis zeigt ihn als siegreichen Feldherrn (imperator) und Garanten römischer Ordnung. Die linke Hand hält ein modern ergänztes Zepter. Die ergänzte Rechte ist im Rednergestus erhoben. Seine militärische Erscheinung deutet auf eine Ansprache (adlocutio) an Soldaten hin.*

um seine Soldaten kümmern und sie mit Proviant, Ausrüstung und Sold versorgen (HA *Alex.* 52,3). Das Heer bildete deshalb den bei Weitem größten Ausgabeposten im Imperium Romanum. Es war aber auch die wichtigste Stütze der imperialen Herrschaft und das mächtigste Exekutivorgan jedes Kaisers. Der erste Mann im Staat (*princeps*) musste sich daher um Nähe zum und Eintracht (*concordia*) mit dem Heer bemühen und seine militärische Kompetenz (*virtus imperatoria*) in siegreichen Feldzügen unter Beweis stellen. Denn Sieghaftigkeit stärkte das Ansehen des Kaisers bei den Soldaten und festigte deren Loyalität (*fides*) ihm gegenüber (Abb. 12).

Das marianische Maultier
Zu den Legionen des Caius Marius schrieb im späten 1. Jh. n. Chr. der militärische Verwaltungsexperte Sextus Iulius Frontinus:
„Zum Vermindern des Trosses, durch welchen das Heer auf dem Marsch am meisten beschwert wird, hat Caius Marius das Gepäck (*vasa*) und den Proviant (*cibarium*) der Soldaten in Bündel (*fasciculus*) schnüren und an Gabeln (*furca*) befestigen lassen, unter denen die Last bequem tragbar und Rast leicht möglich war; daher auch das Sprichwort *marianische Maultiere* (*muli Mariani*: Frontin. *strat.* 4,1,7)."

Abb. 2: *Das Bild zeigt ein marianisches Maultier auf dem Marsch, beladen mit Waffen und Ausrüstung.*

Die Legionen (*legiones*)

Die Legion (*legio*) bildete die Kerntruppe des römischen Heeres. Das Recht, in ihr dienen zu dürfen (*ius militandi in legione*), war ausschließlich römischen Bürgern (*cives Romani*) vorbehalten. Die organisatorische Gestalt der Legionen geht im Wesentlichen auf das 2. Jh. v. Chr. zurück und ist das Ergebnis eines längeren Übergangs von der vorausgehenden Manipelordnung der Legion (Infobox) zur Kohortenordnung mit der Kohorte (*cohors*) als der grundlegenden taktischen Einheit. Vermutlich haben die Römer sie von ihren Verbündeten übernommen (Sall. *Iug.* 38,6; 46,7; Liv. 10,33,1; 23,17,11), wohl auch, um auf Terrain und Kampfweise ihrer Gegner in Spanien und anderswo im Westen besser reagieren zu können (Pol. 11,20–24,9; Strab. 4,4,2). Die militärische Umstrukturierung fand ihren Abschluss in den Reformen des Caius Marius gegen Ende des 2. Jh.s v. Chr. Er ermöglichte freigeborenen, besitzlosen römischen Bürgern (*capite censi*: nach Kopfzahl Besteuerte) den Dienst in den Legionen und rüstete sie auf Staatskosten aus (Sall. *Iug.* 86; Abb. 2).

Seit Marius bestand eine Legion aus zehn Kohorten (*cohortes*) (Abb. 3). Die Kohorten II bis X umfassten jeweils sechs Zenturien (*centuriae*) mit je 80 Fußsoldaten (*pedites*). Jeweils zwei *centuriae* bildeten ein Manipel (Gell. 16,4,6). Es gab somit drei Manipel pro Kohorte mit den alten Klassenbezeichnungen (aufsteigend): *hastati*, *principes* und *triarii* bzw. *pili*. Eine *cohors* hatte also eine Stärke von 480 Mann. Jede *centuria* wurde von einem Zenturio (*centurio*) kommandiert und war mit ihren 80 *pedites* unterteilt in zehn Zeltgemeinschaften (*contubernia*). Jeweils acht (später zehn) Soldaten (*milites*) bildeten eine solche Gemeinschaft, die ein gemeinsames Zelt (*papilio, tabernaculum, tentorium*: Ps.-Hyg. *mun. cast.* 1; Veg. *mil.* 2,7,9; 2,10,2; 2,13,6) hatte, gemeinsam kochte, schlief und kämpfte. Hinzu kam pro *contubernium* ein Maultier (*mulus*: Veg. *mil.* 2,25,2) für den Transport der schweren (waffentechnischen) Ausrüstung und ein Maultiertreiber (*mulio*: Caes. *Gall.* 7,45,2), wohl ein Sklave oder Freigelassener.

Die *cohors* I (Abb. 3) wurde im Laufe des 1. Jh.s n. Chr. umorganisiert in fünf Zenturien, vermutlich mit doppelter Stärke (Ps.-Hyg. *mun. cast.* 3). In jeder Legion gab es somit 59 Zenturionen (Abb. 6). Diejenigen der ersten Kohorte nannte man im militärischen Sprachjargon (zumindest seit dem frühen 2. Jh. n. Chr.) *primi ordines*, die Zenturionen des ersten Rangs: Auf der untersten Stufe war der *hastatus posterior*, der die zweite Zenturie des Manipels der *hastati* kommandierte, darüber der *hastatus prior*, der *centurio* der ersten *centuria* dieses Manipels, darüber der *princeps posterior* und der *princeps prior*. Der ranghöchste *centurio* nicht nur der ersten Kohorte, sondern der gesamten Legion war der *primus pilus* (auch *primipilus*). Dieser hoch dotierte Posten bildete den krönenden Abschluss einer Zenturionenlaufbahn. Aufgrund seiner jahrzehntelangen Erfahrung war dieser Offizier ein wichtiger Berater des Legionskommandeurs (*legatus legionis*). Am Ende des normalerweise einjährigen Primipilats ging der Mann entweder in den Ruhestand oder setzte seine Karriere fort, sei es im Militär oder in der kaiserlichen Zivilverwaltung.

Ferner gab es eine Legionskavallerie, die bis ins 3. Jh. n. Chr. hinein 120 Reiter (*equites legionis*) umfasste. Jede Legion hatte zudem einen Tross mit einer größeren Anzahl von Trossknechten (*calones*). Sie kümmerten sich um Transport und Wartung der schweren Ausrüstung und sonstigen Materialien (*impedimenta*) nebst den Trage- und Zugtieren mit Fahrzeugen (*vehicula*) (Ios. *bell. Iud.* 3,125). Zudem unterstützten sie die Soldaten bei Routineaufgaben (Caes. *civ.* 1,52,4). Nach Vegetius war der Tross in Gruppen von jeweils maximal 200 Transporttieren und Burschen unterteilt. Jede dieser Gruppen hatte eine Fahne (*vexillum*), sodass alle Trossangehörigen wussten, wo sie sich zu sammeln hatten (Veg. *mil.* 3,6,19–20).

Die Manipelordnung
Die manipulare Legion (lat. *manipulus* „Handvoll": Pol. 6,21,7–23,15) war in der Kampfformation nach Alter und Bewaffnung geordnet: zuvorderst 1.200 *velites* (junge Leichtbewaffnete), flankiert von 300 Reitern (*equites*), dahinter Schwerbewaffnete in drei Schlachtreihen (*triplex acies*), nämlich 1.200 *hastati* (Lanzenträger), 1.200 *principes* (Männer im besten Alter) und zuletzt 600 *triarii* (auch *pili* genannt; sie waren die ältesten Soldaten mit der größten Kampferfahrung). Jede *acies* bestand aus zehn Manipeln mit je zwei Zenturien (*centuriae*).

Abb. 3: *Die römischen Legionen in ihrer internen Gliederung mit den kommandierenden Offizieren.*

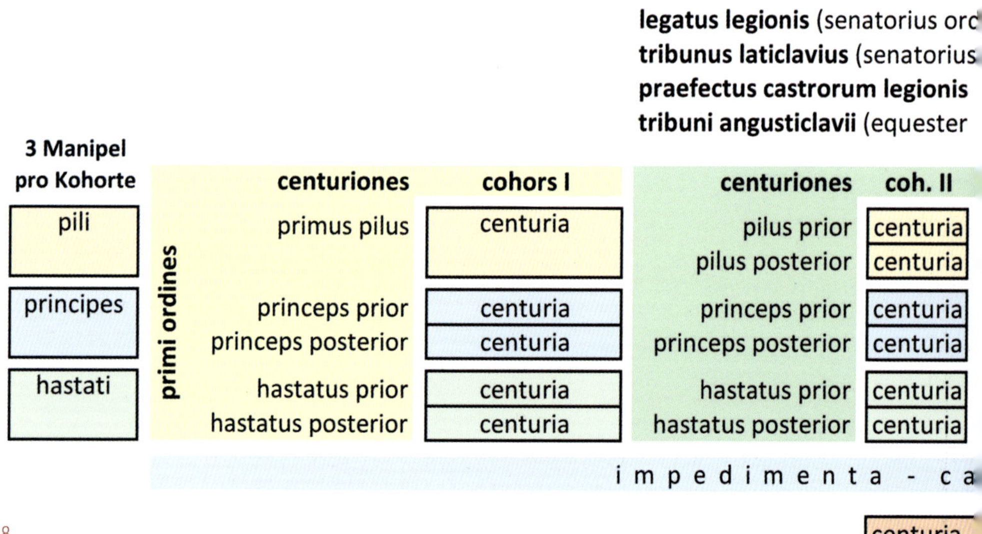

Offiziere und Spezialisten

Der Legionskommandeur (*legatus legionis*)

Der Kommandeur der Legion war ein Angehöriger der Senatorenschaft (*senatorius ordo*: Tac. *hist.* 3,52,3). In Provinzen mit nur einer einzigen Legion, wie z. B. *Arabia*, war der Provinzstatthalter als „Abgesandter des Augustus im Range eines Prätors" (*legatus Augusti pro praetore*) zugleich Oberbefehlshaber der gesamten römischen Streitkräfte in der Provinz (Abb. 4, 11). Vom Kaiser ernannt, blieb er nach dessen Ermessen für einige Jahre im Amt, bevor er abgelöst wurde.

Allein in den Provinzen *Aegyptus* und *Mesopotamia*, die von Statthaltern aus der Körperschaft der Ritter (*equester ordo*: Tac. *ann.* 12,60,3), der zweithöchsten Sozialklasse, verwaltet wurden, hatten nicht senatorische *legati*, sondern equestrische Präfekten (*praefecti legionis*) das Legionskommando inne. Hinzu kommt, dass Kaiser Septimius Severus (193–211 n. Chr.) drei sog. parthische Legionen (*legiones Parthicae*) aufstellte, von denen die *legio* I *Parthica* und die *legio* III *Parthica* anscheinend dauerhaft von einem equestrischen *praefectus* befehligt wurden, während die *legio* II *Parthica* mit Standort in Albanum südlich von Rom nach einigen Jahren einem senatorischen *legatus legionis* (Abb. 4) unterstellt wurde.

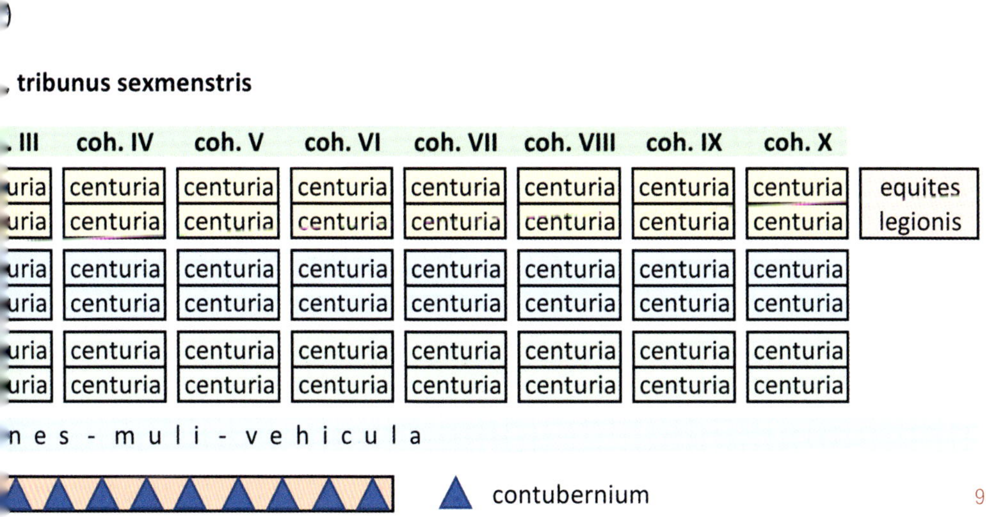

Die Legionstribunen (*tribuni militum legionis*)

Jede Legion hatte einen senatorischen Tribun mit breitem Purpurstreifen an der Tunika (*tribunus laticlavius*), der als ranghöchster Offizier nach dem Legionskommandeur dessen Stellvertreter war, und fünf equestrische Tribune mit schmalem Purpurstreifen an der Tunika (*tribunus angusticlavius*: Suet. *Otho* 10,1). In Legionen mit equestrischem *praefectus* als Kommandeur gab es keinen *tribunus laticlavius* (weil die Unterordnung eines Angehörigen des *senatorius ordo* unter den Befehl eines sozial niedriger stehenden Offiziers aus dem *equester ordo* undenkbar gewesen wäre).

Den Tribunen oblagen vielfältige Aufgaben (Infobox S. 11): Sie waren für Ausbildung, Disziplin und korrekte Proviantverteilung zuständig, sorgten für Ruhe und Recht unter den Soldaten, nahmen Kontrollen und Inspektionen vor und fungierten als Berater des Legionskommandeurs. All diese Tätigkeiten brachten vielfältige Schreibarbeiten mit sich, sodass Geschicklichkeit hierin von großem Vorteil war. Als Plinius dem Statthalter von Pannonien, Neratius Priscus (103–106 n. Chr.), einen gewissen Voconius Romanus für eine Tribunenstelle empfahl, schrieb er: „Briefe schreibt er, dass man glauben könnte, die Musen selbst sprechen lateinisch (*Musae Latine loqui*: Plin. *epist.* 2,13,7).“ Auch Plinius selbst war einst (um 82 n. Chr.) Tribun in der *legio* III *Gallica* in Syrien und vom Ober-

Abb. 4: *Ein frühkaiserzeitlicher legatus legionis mit prachtvollem Brustpanzer und Feldherrnmantel (paludamentum). Das über der Brust geknotete Band und die doppelt geschnürten Patrizierstiefel (calcei patricii) mit vier Riemen geben den hohen gesellschaftlichen Status und militärischen Rang des Dargestellten auf einen Blick zu erkennen.*

befehlshaber beauftragt worden, die Rechenschaftsberichte von Auxiliareinheiten zu überprüfen (*rationes excutere*: Plin. *epist.* 7,31,2). Dabei stieß er bisweilen auf große Nachlässigkeit (*neglegentia*), aber auch auf höchste Redlichkeit und gewissenhafte Sorgfalt (*diligentia*). Neben den fünf *tribuni angusticlavii* scheint es zusätzlich einen Tribun gegeben zu haben, der seiner Bezeichnung nach nur sechs Monate im Amt war: *tribunus se(x)me(n)stris*. Die spezifischen Aufgaben dieses nur spärlich belegten Offiziers sind nicht bekannt.

Der Alltag eines Tribuns
Zu den Aufgaben der Tribune schreibt Aemilius Macer, ein Jurist unter Kaiser Severus Alexander (222–235 n. Chr.):

„Aufgabe der Tribune oder auch derjenigen, die ein Heer kommandieren, ist es, die Soldaten im Lager zusammenzuhalten, zum Exerzieren (*exercitatio*) nach draußen zu führen, die Schlüssel der Tore zu verwahren, die Wachposten (*vigiliae*) von Zeit zu Zeit der Reihe nach aufzusuchen und zu kontrollieren, bei Getreideausgaben (*frumentationes*) an die Soldaten zugegenzusein, das Getreide zu prüfen, Betrug (*fraus*) der (Getreide-) Verteiler zu unterbinden, Delikte im Rahmen ihrer Vollmacht zu bestrafen, häufig im Stabsgebäude (*principia*) anwesend zu sein, Beschwerden (*querellae*) der Soldaten anzuhören, die Lazarettstationen (*valetudinarii*) zu inspizieren.“ (Dig. 49,16,12,2)

Der Präfekt des Legionslagers (*praefectus castrorum legionis*)

Der Präfekt des Legionslagers war der Rangdritte in der Kommandostruktur und nach Vegetius (*mil.* 2,10) in umfassender Weise zuständig für administrative und logistische Belange wie etwa die Ausrüstung (Gerätschaften, Werkzeuge, Waffen; Zelte, Baracken, Gepäck, Tiere, Fahrzeuge), die Krankenversorgung oder für Baumaßnahmen (Anlegen von Gräben, Wällen, Standlagern etc.). Er war zudem ein wichtiger Ratgeber des Kommandeurs (Ios. *bell. Iud.* 2,531) und befehligte bisweilen außerhalb des Lagers Abteilungen von Soldaten (*vexillationes*) für diverse Tätigkeiten wie Bau- oder Instandsetzungsarbeiten (Tac. *ann.* 1,20; Abb. 5).

Die Zenturionen (*centuriones*)

Die Zenturionen waren aufgrund ihrer langjährigen Dienstzeit und Erfahrung die wichtigsten und kampferprobtesten Offiziere (Abb. 6). Sie bildeten sozusagen das Rückgrat der Legion. Ihnen oblagen deshalb die Ausbildung, Disziplin und Führung der Soldaten. Ihre herausragende Bedeutung geht auch aus den Worten hervor, die Kaiser Hadrian nach Truppenübungen (*exercitationes*) während seines Besuchs beim afrikanischen Legionsstandort *Lambaesis* an die Soldaten richtete: „Die *primi ordines* und Zenturionen waren schnell und tüchtig (*agiles et fortes*), wie es ihre Art (*mos*) ist.“ Zudem erfüllten sie mannigfaltige Verwaltungsaufgaben und mussten deshalb literat sein, d. h. lesen und schreiben können. Auch Spezialaufgaben außerhalb der Legion wurden ihnen anvertraut, wie etwa die polizeiliche Aufsicht über ein bestimmtes Gebiet (*centurio regionarius*).

Abb. 5: *Szene 9/10 auf der Traianssäule in Rom: römische Legionäre in Rüstung bei umfangreichen, anstrengenden Bauarbeiten während des Dakerkriegs. Die Soldaten errichten hohe Mauern mit Zinnen. Die Mauer rechts im Hintergrund ist bereits fertiggestellt. Zwei Legionäre auf der vorderen Mauer haben jeweils einen Steinblock geschultert und reichen ihn an Kameraden auf der hinteren Mauer weiter. Im Vordergrund stehen zwei Auxiliarsoldaten in Untergewand (tunica) und Hosen (bracae), mit langem Schwert und ovalem Schild. Da sich unter den Soldaten zahlreiche handwerkliche Spezialisten befanden, verfügte das Militär über die notwendige Expertise, um unterschiedlichste Baumaßnahmen sowie die Herstellung vieler benötigter Güter in Eigenregie durchzuführen.*

Der *primus pilus* als ranghöchster Zenturio konnte noch weiter aufsteigen, etwa zum *praefectus castrorum legionis* oder zum Offizier (*tribunus*) bei der Feuerwache in Rom (*cohortes vigilum*), bei den stadtrömischen Kohorten (*cohortes urbanae*), bei der Leibgarde des Kaisers (*cohortes praetoriae*) oder bei dessen Gardereitern (*equites singulares Augusti*). In der Provinz *Aegyptus* konnte er sogar Legionskommandeur (*praefectus legionis*) oder Statthalter (*praefectus Aegypti*) werden. Der höchste für einen *primipilaris* (ehem. *primus pilus*) erreichbare Posten war die Prätorianerpräfektur (*praefectus praetorio*: Oberbefehlshaber der kaiserlichen Leibgarde). Auch ein Wechsel in die zivile Staatsverwaltung war möglich, etwa auf die Stelle eines Prokurators, als welcher er im Auftrag des Kaisers eine Zuständigkeit z. B. in der kaiserlichen Finanzadministration übernahm.

Die Zenturionen der Kohorten II bis X waren in ihrem Dienstgrad vermutlich untereinander gleichgestellt, aber wenn ein Manipel als geschlossene Einheit auftrat, war wahrscheinlich der jeweilige *prior* dem *posterior* übergeordnet. Agierte eine Kohorte als taktische Einheit, so hatte vermutlich der *pilus prior* das Kommando inne, wenn die Kohorte für ihren speziellen Einsatz nicht vorübergehend einen eigenen Kommandanten erhielt, etwa einen *tribunus* oder den *primus pilus*.

Abb. 6: *Ein hochdekorierter centurio mit militärischen Auszeichnungen (dona): gedrehte Halsringe (torques), scheibenförmige Medaillen aus Silberblech (phalerae) und paarweise getragene Armreife aus Silber oder Gold (armillae). Auf dem Helm (cassis) prangt ein quergestellter Busch mit langen Federn (transversa crista), der als Rangabzeichen den Zenturio schon von Weitem zu erkennen gab (Veg. mil. 2,13,4; 16,3).*

Die Besoldung
Zenturionen bezogen aufgrund ihrer Qualifikationen einen deutlich höheren Sold (*stipendium*) als einfache Soldaten (*milites gregales*): So erhielt ein *gregalis* in der Legion unter Augustus (13 v. Chr.) 225 Denare (*denarii*), unter Domitian (83/84 n. Chr.) 300 Denare und unter Septimius Severus (197 n. Chr.) 600 Denare. Ein *centurio* aus den Kohorten II–X hingegen bezog unter diesen Kaisern 3375 – 4500 – 9000 Denare; ein *centurio* der *primi ordines* 6750 – 9000 – 18000 Denare und ein *primus pilus* gar 13500 – 18000 – 36000 Denare.

Freigestellte und höherrangige Spezialisten (*immunes* und *principales*)

Jede Einheit hatte eine Reihe von Spezialisten, die von (körperlich) schwereren Diensten (*munera graviora*) des einfachen Soldaten (*miles gregalis*) befreit waren und deshalb als Freigestellte (*immunes*) bezeichnet wurden (Abb. 7).

In den Legionen gab es davon eine größere Anzahl. Der Militärjurist Publius Taruttienus Paternus hat im 2. Jh. n. Chr. eine Liste solcher *immunes* zusammengestellt; darunter finden sich Vermesser (*mensores*), Ärzte (*medici*), Sanitäter (*capsarii*), verschiedenste Handwerker (*fabri*), Jäger (*venatores*), Waffenwarte (*custodes armorum*), Militärmusiker (*bucinatores, tubicines, cornicines*) und nicht zuletzt Schreiber (Abb. 8) in den Büros der Truppenverwaltung (Dig. 50,6,7). Ihre zahlreichen Bezeichnungen (*cornicularius, actarius, librarius, exactus, cerarius*) verweisen auf eine arbeitsteilige Organisation der Militärverwaltung bei Erstellung, Pflege und Archivierung verschiedenster Dokumente wie Übersichten zum Personaleinsatz oder Kassenbücher für die Ersparnisse (*deposita*) der Soldaten.

„Ich danke (den Gottheiten) *Sarapis* und der *Bona Fortuna* dafür, dass, während alle den ganzen Tag sich damit abrackern, Steine zu schneiden (für Bauarbeiten; Abb. 5), ich als *principalis* die Zeit mit Nichts-Tun verbringe."

So schreibt wohl von Bostra aus der Legionär Caius Iulius Apollinarius an seine Mutter in Ägypten. An diesen Ort der neu eingerichteten Provinz *Arabia* war seine Einheit, vermutlich die *legio* III *Cyrenaica*, verlegt worden. Kurz zuvor hatte ihn sein höchster Vorgesetzter in *Arabia*, der Legionskommandeur und Statthalter Claudius Severus, zum Legionsschreiber (*librarius legionis*) ernannt. Das war allerdings nur ein Trostposten, denn Apollinarius wollte eigentlich *librarius* des Claudius Severus werden; mit anderen Worten: Er wollte einen Posten im Büro des Severus als Legionskommandeur bzw. als Statthalter. Und nur weil dort zurzeit kein Posten (*topos*) frei war, wurde er zum *librarius legionis* ernannt, mit Aussicht auf Beförderung. Aus den Zeilen an die Mutter spricht zugleich der ganze Stolz auf seinen Rang als *principalis*, der ihn vor körperlicher Schwerarbeit unter sengender Sonne verschonte.

Abb. 7: *Das Bild zeigt drei Legionäre in tunica gekleidet; zwei von ihnen halten in der Rechten eine Pionieraxt (dolabra) zum Hacken und Graben. Die Männer sind offensichtlich mit schwerer, körperlicher Arbeit befasst. Der Legionär in der Mitte hält eine 10 Fuß lange Messstange (decempeda) in der ausgestreckten rechten Hand, was ihn augenscheinlich Kraft und Anstrengung kostet, wie seine angespannten Gesichtszüge erahnen lassen. Er nimmt keine Messarbeiten vor, sondern leistet eine Strafe ab. Der Kaiserbiograf Sueton berichtet, Augustus habe Vergehen von Soldaten mit unterschiedlichen Strafen belegt, die ihnen Schimpf und Schande (ignominia) einbrachten: „So befahl er ihnen, den ganzen Tag vor dem Zelt des Feldherrn (praetorium) zu stehen, manchmal in Tunika und ungegürtet (tunicati discinctique), manchmal mit Messstangen von zehn Fuß oder auch mit einem Rasenstück in der Hand" (Suet. Aug. 24,2).*

Abb. 8 links: *Nach dem Grabrelief des Publius Flavoleius Cordus, der als miles in der legio XIIII Gemina in Mogontiacum (Mainz) diente und im Alter von 43 Jahren nach 23 Dienstjahren (stipendia) verstarb. In tunica und Mantel (sagum) gekleidet, ist er bis auf Schwert (gladius) und Dolch (pugio) ohne Rüstung dargestellt. In der Rechten hält er eine Schriftrolle aus Papyrus (volumen: Plin. nat. 24,17) und in seiner Bauchbinde steckt ein kleines Lederetui, vermutlich für Wachstafeln (tabulae ceratae: Prisc. 2,6,13) – Gegenstände, die auf Aufgaben in der militärischen Verwaltung hinweisen.*

Abb. 9 rechts: *Caecilius Avitus aus Emerita Augusta (h. Mérida), der Provinzhauptstadt von Lusitania. Er diente im 2./3. Jh. n. Chr. als optio in der legio XX Valeria Victrix im britannischen Deva (h. Chester). Dort war Avitus nach 15 Dienstjahren im Alter von 34 Jahren verstorben. Das Grabrelief zeigt ihn mit tunica, Mantel (sagum) und Schwert (gladius). An seiner rechten Schulter lehnt ein unten spitz zulaufender Stab mit einem Knauf am oberen Ende. In der Linken hält er zwei miteinander verbundene Schreibtafeln (tabellae geminae: Plin. nat. 13,30; gr. Diptychon). In seiner Rechten hält er einen metallenen Stift (stilus), dessen spitz zulaufendes Ende zum Schreiben im Wachs diente. Mit dem spachtelförmigen anderen Ende des stilus konnte er das Geschriebene wieder löschen. Dass Avitus auf seinem Grabmonument mit Schreibtafeln dargestellt ist, verweist auf seine administrativen Aufgaben als optio.*

Die ranghöheren *principales* genossen ebenfalls Befreiungen von schwereren Diensten und erhielten den anderthalbfachen (*sesquiplicarius*) oder doppelten Sold (*duplicarius*) des einfachen Soldaten (Veg. *mil.* 2,7). Auch sie waren in Legionen zahlreich vertreten, darunter auch Verwaltungssoldaten, verteilt auf alle Kohorten. Jedem Zenturio unterstanden einige *principales*, darunter sein Stellvertreter (*optio;* Abb. 9), ein Feldzeichenträger (*signifer*; er verwaltete zugleich die Soldatengelder und musste deshalb besonders vertrauenswürdig [*fidelis*] und schriftkundig [*litteratus*] sein; Veg. *mil.* 2,20,7; Abb. 10–11) und ein *tesserarius*, der die vom Kommandanten ausgegebenen Anordnungen (Parolen) den Soldaten in den Zeltgemeinschaften (*contubernia*) seiner Zenturie verkündete (Veg. *mil.* 2,7,5).

Abb. 10: *Der Darstellte ist dem Bildnis auf dem Grabmonument des Felsonius Verus nachempfunden. Dieser diente als aquilifer in der legio II Parthica. Aus Tuscia in Etrurien stammend, stand der 31-jährige im 11. Dienstjahr, als er auf dem Feldzug Kaiser Gordians III. (238–244 n. Chr.) in Syrien verstarb. Mit der Rechten umfasst Verus einen langen Schaft, bekrönt von einem verzierten, schreinartigen Kasten; darin sitzt der Adler. In seiner Linken hält der aquilifer eine Papyrusrolle, die auf seine administrativen Tätigkeiten verweist.*

Die Marschreihenfolge der Soldaten (Abb. 11)

Die Szene 3 von der Traianssäule in Rom zeigt römische Soldaten auf dem Marsch in den Dakerkrieg, wie sie die Donau mittels zweier Schiffsbrücken überqueren. Die linke Bildhälfte mit der Schiffsbrücke im Vordergrund zeigt an der Spitze der Marschkolonne einen nach links zurückblickenden Offizier, vermutlich der Legionskommandeur (*legatus legionis*). Direkt hinter ihm schreitet der Adlerträger (*aquilifer*) mit Mantel (*sagum*) und Schwert (*gladius*) am Schulterriemen (*balteus*). Er hält eine Stange mit Aufsatz, darauf der Adler (*aquila*) mit Ring um den Hals und erhobenen Schwingen, umfasst von einer Lagerkrone (*corona vallaris*). Der Adler, das erste und wichtigste Feldzeichen jeder Legion, war von Caius Marius eingeführt worden (Abb. 27; Plin. *nat.* 10,5,16; 13,4,23). Ihn trug der *aquilifer* der Legion voran (Veg. *mil.* 2,13,1). Als ranghöchster Feldzeichenträger war der *aquilifer* in die Zenturie des *primus pilus* eingeschrieben (Abb. 10). Im Bild dicht hinter dem *aquilifer* marschieren zwei Feldzeichenträger (*signiferi*) mit Tierfell als Kopfbedeckung. Ihre Feldzeichen (*signa*) bestehen jeweils aus einer Stange mit Kranz, Halbmond, sechs Scheiben (*phalerae*), einer Querstange mit Bändern und zuoberst einer geöffneten rechten Hand in einem Kranz. Zwischen den *signiferi* sehen wir den Oberkörper eines Fahnenträgers (*vexillarius*) mit Stange und oben befestigter Fahne (*vexillum*) mit Fransen und Bändern. Dahinter eine Kolonne von Legionären in *tunica* und Schienenpanzer. Über ihren Köpfen ragen die an Gabeln (*furca*) befestigten Gepäckbündel (*fasciculus*) dieser „*muli Mariani*" (Abb. 2) ins Blickfeld.

In der rechten Bildhälfte sehen wir auf der hinteren Schiffsbrücke drei *signiferi* der Prätorianer (*cohortes praetoriae*), ebenfalls mit Tierfell auf dem Kopf. Ihre *signa* umfassen jeweils eine Quaste, darüber eine von zwei Kränzen umrahmte scheibenförmige Medaille (*phalera*) mit (kaiserlicher) Porträtbüste (*imago*), eine Schiffskrone (*corona navalis*), eine weitere *phalera* mit *imago*, darüber sind ein Kranz, ein Querholz mit Bändern, ein umkränzter Adler, ein weiterer Kranz und zuoberst eine kleine gefranste Fahne (*vexillum*); davor eine männliche Figur mit nacktem Oberkörper (Gottheit), Kopfbedeckung und stabartigem Gegenstand in der Linken. Links hinter dem mittleren *signifer* trägt ein Soldat ein *vexillum* mit Fransen und darüber eine geflügelte Victoria, möglicherweise ein Angehöriger einer Kavallerie oder *vexillatio*. Links von dieser Vierergruppe sieht man einen weiteren Soldaten, der einen Stab mit Aufsatz trägt, auf dem einst ein heute abgebrochener Gegenstand prangte. Am rechten Bildrand erblicken wir eines von mehreren Pferden, vermutlich eines berittenen Leibgardisten des Kaisers (*eques singularis Augusti*).

Die Legionsreiter (*equites legionis*)

Jede Legion hatte eine Kavallerie von 120 Reitern (*equites legionis*: Ios. *bell. Iud.* 3,121). Ob dieser Trupp in Untereinheiten (*centuriae* oder *turmae*) eingeteilt war, ist ungewiss, denn die bekannten Dienstgrade beziehen sich stets auf die Gesamtheit der Reiter (z. B. *quaestor equitum*: Kassenverwalter der Reiter). Auch ist nicht sicher bekannt, wer die Reiter kommandierte. Die wenigen Erwähnungen eines typischen Kavallerieoffiziers (*decurio legionis*; *decurio equitum*) sind schwerlich ausreichend, um daraus die generelle Existenz eines *decurio* als Kommandanten der Legionsreiter abzuleiten. Möglicherweise hatten die Kavalleristen wie die einzelnen Kohorten keinen eigenen Kommandanten, sondern wurden bedarfsweise einem Offizier unterstellt. Neben den eigentlichen Kampfeinsätzen erfüllten die *equites* zweifelsohne diverse Aufgaben, bei denen es auf hohe Mobilität ankam, wie Aufklärung, Provianteinholung, Plünderungen oder Nachrichtenübermittlung (Caes. *civ.* 1,66,3; 1,80,3; 2,24,2; 2,25,3; 2,26,2; 3,42,5; 3,101,3). Aus ihnen rekrutierte sich auch die berittene Leibgarde (*equites singulares*) des Legionskommandeurs.

Ein einzigartiges Beispiel für einen ehemaligen Legionsreiter ist Tiberius Claudius Maximus, der nach seiner Entlassung aus dem Heer auf eine lange und sehr erfolgreiche Karriere zurückblicken konnte: Als Kavallerist in der *legio* VII *Claudia* stieg er zunächst zum Kassenverwalter der Reiter (*quaestor equitum*) auf, wurde dann Gardist des Legionskommandeurs (*singularis legati legionis*) und Fahnenträger der Legionsreiter (*vexillarius equitum legionis*). Als solcher erhielt er von Kaiser Domitian (81–96 n. Chr.) militärische Auszeichnungen (*dona militaria*) für Tapferkeit (*virtus*) in dessen Dakerkrieg (endete 89 v. Chr.). Kaiser Traian (98–117 n. Chr.; Abb. 12) machte ihn zum *duplicarius* in der 2. Kavallerieeinheit der Pannonier (*ala* II *Pannoniorum*) und im ersten oder zweiten Dakerkrieg (101/2, 105/6 n. Chr.; Abb. 11) zum Kundschafter (*explorator*). Maximus erhielt noch weitere Auszeichnungen und Traian beförderte ihn schließlich zu einem Offizier (*decurio*) in der Pannoniereinheit. Er hatte nämlich höchstpersönlich den Dakerkönig Decebalus ergriffen und dessen Kopf dem Kaiser ins römische Militärlager in *Ranisstorum* überbracht. Dort zeigte der Kaiser das Haupt des Feindes den versammelten Soldaten. Dieser Moment ist sogar auf der Traianssäule in Rom verewigt (Abb. 13)!

Abb. 12: *Sesterz, 114–116 n. Chr., Rom. Vs.: Drapierte Büste Traians mit Lorbeerkranz und Feldherrnmantel (paludamentum), nach rechts. Die Legende besagt, dass die Münze für den IMP(erator) CAES(ar) NER(va) TRAIANVS, den besten Kaiser, OPTIMVS AVG(ustus), Sieger über Germanen, GER(manicus), und Daker, DAC(icus), den ranghöchsten Priester für sakrale Angelegenheiten in Rom, P(ontifex) M(aximus), Inhaber der tribunizischen Amtsgewalt, TR(ibunicia) P(otestas), Konsul zum 6. Mal, COS VI, Vater des Vaterlandes, P(ater) P(atriae), geprägt wurde. Rs.: Der Kaiser, auf einem Faltstuhl für Feldherrn (sella castrensis) zwischen zwei stehenden Offizieren sitzend, hat in einer Geste des freigebigen Gewährens (liberalitas) die gesenkte Rechte vorgestreckt und geöffnet. Vor dem Podium (suggestus) ein Amtsdiener (lictor) mit Rutenbündel (fasces), zwei Legionäre mit Schild, dahinter ein aquilifer mit Adler und zwei weitere Standartenträger sowie ein Kavallerist (eques) mit Pferd. Die Soldaten jubeln mit erhobener Rechter ihrem Kaiser und Oberbefehlshaber zu, der ihnen eine Wohltat (vielleicht ein Geldgeschenk: donativum) zukommen lässt. Unter der Szene (im Abschnitt) steht: Siegreicher Feldherr zum 8. Mal (IMPERATOR VIII), auf Senatsbeschluss, S(enatus) C(onsulto), (geprägt). Kaiserliche Sieghaftigkeit (virtus imperatoria) und Freigebigkeit (liberalitas) stärkten die Bande zwischen Herrscher und Heer.*

Abb. 13: *Die Szene 135 auf der Traianssäule hält genau den Moment fest, in dem im Heerlager von Ranisstorum inmitten der versammelten Soldaten zwei Männer, vermutlich Traian und sein Begleiter (comes) L. Licinius Sura, auf einem Schild den Kopf des Dakerkönigs Decebalus präsentieren. Vor der Lagermauer stehen zwei Legionäre auf Wachposten. Sie erinnern daran, dass trotz des herausragenden, kriegsbeendenden Ereignisses Routinedienste als Teil des militärischen business as usual uneingeschränkt weitergingen.*

Die Kleidung römischer Soldaten

Unsere Vorstellung von „Uniform" als einheitlicher Bekleidung und Ausrüstung für alle Soldaten hat es im römischen Heer so nicht gegeben. Gewiss, für einige Zeit wurden Waffen, Ausrüstung und Bekleidungsgegenstände in bestimmtem Umfang an die Soldaten ausgegeben, aber der einzelne *miles* konnte sich auch stets selbst mit gekauften Waffen oder Kleidungsstücken ausstatten, je nach Vorliebe und Finanzkraft. Zudem haben die Soldaten allmählich auch die Bekleidung an die klimatischen Verhältnisse ihrer Stationierungsregion angepasst. Im rauen Klima nördlich der Alpen orientierte man sich mit der Zeit an den langen Hosen und langärmeligen Tuniken der einheimischen Bevölkerung (Tac. *hist.* 2,20,1). Auch unterschied sich die Ausrüstung zumindest in Form und/oder Farbgebung leicht von Legion zu Legion, andernfalls wäre es während des Bürgerkriegs nach dem Tod Neros zwei Legionären aus der Gefolgschaft Vespasians wohl nicht gelungen, eine Wurfmaschine der gegnerischen 15. Legion außer Gefecht zu setzen, indem sie erbeutete Schilde der Gegner ergriffen und sich dadurch unerkannt der Maschine nähern konnten (Tac. *hist.* 3,23,2; Cass. Dio 64,14,2).

Die einzelnen Regimenter hatten ihre eigenen, unverwechselbaren Traditionen, z. B. Kulte und Feierlichkeiten wie den Geburtstag der Legion (*natalis aquilae*), die von den Angehörigen der Einheit kollektiv begangen und über Soldatengenerationen hinweg weitergegeben wurden, „wappenartige" Embleme, etwa Tiere, sowohl reale wie Eber, Elefant oder Stier als auch mythologische, z. B. *Capricornus, Centaurus* oder *Pegasus*, zudem Götter oder bestimmte Objekte. Mit ihnen verzierte man etwa Altäre, Inschriften oder Ausrüstungsgegenstände. Sie finden sich auch auf Ziegeln, die die Truppen für ihre Bauarbeiten herstellten, oder auf Münzen für Soldzahlungen. Hinzu kommen kollektive Ehrungen und Auszeichnungen (z. B. Beinamen für eine Einheit), die den Korpsgeist der Soldaten stärkten. Errungene Siege erwähnten die Feldherren in Ansprachen an die Soldaten vor Schlachten und befeuerten damit deren Kampfgeist (Tac. *hist.* 5,16,3). All diese Gemeinsamkeiten an kultischen Handlungen, Symbolen, Erlebnissen und Errungenschaften prägten die spezifische *corporate identity* eines Regiments und schweißte die Soldaten zu einer unverwechselbaren Gruppe mit eigener sozialer Persönlichkeit zusammen.

Die Anzahl der Legionen

Zur Zeit der Römischen Republik waren infolge langwieriger kriegerischer Auseinandersetzungen mit auswärtigen Ethnien (z. B. Kimbern und Teutonen), den italischen Bundesgenossen und zwischen innenpolitischen Kontrahenten (Marius, Sulla, Pompeius, Caesar) römische Legionen seit dem späten 2. Jh. v. Chr. über viele Jahre hinweg mehr oder weniger im Dauereinsatz. Aus dem ursprünglich bedarfsweise ausgehobenen Milizheer wurde faktisch ein stehendes Heer. Nach Caesars Ermordung 44 v. Chr. standen vor den Entscheidungsschlachten bei Philippi 42 v. Chr. zwischen Caesars Mördern (Marcus Iunius Brutus und Caius Cassius Longinus) und seinen Rächern (Marcus Antonius und Caesars Adoptivsohn Caius Caesar) über 60 Legionen unter Waffen, mit zahlreichen Hilfstruppen auf beiden Seiten. Von den Legionen der unterlegenen Caesar-Mörder übernahmen die Sieger einige in ihre Reihen, entließen aber die meisten. Aus den Siegern wurden in den Jahren danach erbitterte Gegner. Die Entscheidungsschlacht zwischen ihnen am 2. September 31. v. Chr. bei *Actium* in Nordwestgriechenland konnte Caius Caesar für sich entscheiden. Er übernahm mehrheitlich die

Truppen des Antonius und verfügte somit am Ende der Bürgerkriege vermutlich über mindestens 200.000 Soldaten.

Abb. 14: *Überblick über die Verteilung der Legionen 125 n. Chr. Sie waren zum größten Teil nahe der Außengrenzen der von Rom direkt kontrollierten Territorien stationiert. Die Karte zeigt zudem Standorte von Flottenverbänden. Die zwei ranghöchsten, prätorischen Flotten, die im gesamten Mittelmeer operierten, waren in Misenum und Ravenna stationiert, während die anderen, kleineren Flottillen regional zum Einsatz kamen.*

Ein Heer dieser Größe war in Friedenszeiten auf Dauer weder finanzierbar noch erforderlich, ja vielmehr ein gefährliches Potenzial für Revolten und aristokratische Standesgenossen mit Ambitionen. Caius Caesar, dem der Senat im Januar 27 v. Chr. den Ehrentitel *Augustus* verlieh, hat deshalb zahlreiche Legionen in den nachfolgenden Jahren aufgelöst und die Veteranen in Militärkolonien angesiedelt oder durch Entlassungszahlungen abgefunden (R. Gest. div. Aug. 16–17). Am Ende verblieben 28 Legionen, die mehrheitlich in den Provinzen an den Grenzflüssen Rhein, Donau und Euphrat stationiert waren (Abb. 14). Nach der Varusschlacht 9 n. Chr. mit dem Verlust der Legionen XVII, XVIII und XIX sowie mehrerer Auxiliareinheiten verblieben noch 25 Legionen. Ihre Zahl wurde bis unter Septimius Severus auf 33 erhöht.

Das Legionslager Inchtuthil (Abb. 15)

Das Legionslager Inchtuthil (465 m x 440 m) in Schottland, ca. 15 km nördlich von Perth, war der nördlichste aller Legionsstandorte. Das in Holzbauweise errichtete Lager stammt aus flavischer Zeit und diente wahrscheinlich nur zwischen 83 und 86 n. Chr. als Stützpunkt für den Schottlandfeldzug des Cnaeus Iulius Agricola, bevor die Legion abgezogen und das noch nicht fertiggestellte Kastell von den Römern aufgegeben und zerstört wurde. Auf allen vier Seiten weist das Lager ein Tor (*porta*) auf, durch das eine geradlinige Straße in die Mitte des Lagers führt: Vom Tor auf der im Bild linken Lagerseite führt die *via decumana* zur rückwärtigen Wand des in Lagermitte liegenden Stabsgebäudes (*principia*), dessen Abmessungen (45 m x 42 m) für eine Legion auffallend klein sind. Die *principia* beherbergten das Fahnenheiligtum (*aedes*) mit einem Raum zur Aufbewahrung der Soldatengelder (*deposita*), ferner Verwaltungsräume und Waffenkammern (*armamentaria*).
Die Straße, die vom Haupttor, der *porta praetoria*, auf der gegenüberliegenden Lagerseite zur Vorderseite der *principia* hin verläuft, ist die *via praetoria*. Vor dem Stabsgebäude treffen die *via praetoria* und die im rechten Winkel zu ihr verlaufende *via principalis* aufeinander. Der Schnittpunkt der beiden Straßen ist die *groma*, benannt nach dem Vermessungsgerät, mit dem ein Lager ausgerichtet wurde. Blickt man von der *groma* aus in Richtung *porta praetoria*, so befindet sich rechts von den *principia* die *porta principalis dextra* (im Bild das untere Tor) und links von den *principia* die *porta principalis sinistra* (im Bild das obere Tor). Die *via principalis* teilt den Innenraum des Lagers in zwei Bereiche, nämlich in die kleinere *praetentura* (im Bild rechts von der *via principalis*) und in die größere *retentura* (links von der *via principalis*: Ps.-Hyg. *mun. cast.* 14, 17).
Auf der großen Freifläche in der *retentura* links oberhalb der *principia* sollte das *praetorium* errichtet werden, das Amts- und Wohngebäude des Legionskommandeurs. Auf der gegenüberliegenden Seite der *principia* befinden sich die Baracken der ersten Kohorte, die doppelt so stark war wie die anderen neun Kohorten. Am Kopfende dieser Baracken stehen die quadratischen Häuser der fünf ranghöchsten Zenturionen (*primi ordines*), von denen jenes des *primus pilus* das größte und wohl auch komfortabelste war. Die Häuser der anderen *centuriones* sind ebenfalls an die Baracken ihrer jeweiligen Zenturie angebaut und deutlich kleiner. Jeweils sechs dieser Zenturienblöcke bilden zusammen eine Kohorte. Im Uhrzeigersinn im Bild links unten beginnend, kann man also entlang der Kastellumwehrung die neun Kohorten ausmachen. Das große rechteckige Gebäude mit Innenhof links von den Baracken der ersten Kohorte beherbergte die Legionswerkstatt (*fabrica*). Das andere große, ebenfalls rechteckige Gebäude gegenüber der *fabrica* auf der anderen Seite der *via decumana* ist das Lazarett (*valetudinarium*). Die Längsgebäude zwischen *fabrica* bzw. *valetudinarium* und der Umwehrungsmauer sind Speichergebäude (*horrea*).
Die Längsgebäude entlang der *via praetoria* und *via principalis* sind vermutlich Mehrzweckgebäude, in denen Trosspersonal, aber auch Schreibstuben, Ställe und anderes mehr untergebracht waren. Die Räume (*tabernae*) waren durchnummeriert, so dass z. B. schriftliche Mitteilungen genau zugestellt werden konnten. Hinter den Längsgebäuden entlang der *via principalis* sind die Häuser der Tribune und wohl auch des Lagerpräfekten angelegt; sie sind deutlich größer als die der Zenturionen. Die Freiflächen zwischen ihnen verweisen darauf, dass noch nicht alle Häuser errichtet waren. Das große rechteckige Hallengebäude an der *via praetoria* diente vielleicht für Exerzierübungen (*basilica exercitatoria*). Der römische Name des Lagers Inchtuthil ist nicht überliefert.

Augustus regelte auch die Dienstjahre (*stipendia*), Soldgelder (*praemia*) und Entlassungsprivilegien (*commoda*), die abhängig von Truppengattung und Dienstgrad hierarchisch abgestuft waren (Suet. *Aug.* 49,2; Cass. Dio 54,25,5–6). Für Legionäre war eine Dienstzeit von 20 Jahren festgesetzt (Cass. Dio 55,23,1), was aber nicht bedeutete, dass an deren Ende der Soldat automatisch entlassen wurde. Bis zum 2. Jh. n. Chr. verlängerte sich die Dienstzeit auf regelmäßig 25 Jahre bzw. 26 Jahre.

Abb. 16: *Zwei Legionäre aus severischer Zeit. Sie sind deutlich anders ausgerüstet als ihre Kameraden auf der Traianssäule: Der Legionär rechts im Schuppenpanzer ist bewaffnet mit Speer (pilum), Kurzschwert (gladius) und ovalem Schild (scutum); sein Kamerad links neben ihm verkörpert einen Legionär neuen Typs, lanciarius genannt. Er ist dem Grabrelief des Lucius Septimius Viator aus der legio II Parthica nachempfunden. Der gebürtige Pannonier verstarb mit fünfunddreißig nach 16 Dienstjahren im Syrien des frühen 3. Jh.s n. Chr. Als besondere Waffen hat er kürzere Wurfspeere (lanceae) für den Fernkampf, die er in einem Köcher (pharetra) über der Schulter trägt.*

Die Art und Weise, wie der erste Mann im Staat (*princeps*) diese und andere Angelegenheiten der Militärverwaltung regelte, zeigt, dass er nicht von Anfang an einen Masterplan zur Organisation der neuen Herrschaftsstrukturen in der Schublade hatte. Viele Aspekte wie etwa Beförderungs- und Laufbahnschemata haben sich über Jahrzehnte hinweg erst allmählich ausgebildet. Aufkommenden Sachzwängen oder militärischen Herausforderungen begegnete man mit entsprechenden Anpassungen, was sich nicht zuletzt an Titeln und Bezeichnungen für Amtsträger und Einheiten wie auch an Ausrüstungsgegenständen der Soldaten ablesen lässt. Adaptiver Pragmatismus war das Erfolgsgeheimnis des römischen Militärs (Abb. 16–17).

Abb. 17: *Zwei Legionäre aus dem frühen 4. Jh. n. Chr. Der Mann links in Kettenhemd und langer Hose (bracae) ist ausgestattet mit Kammhelm, langer Lanze (hasta), Wurfspeer mit Widerhakenspitze, Langschwert (spatha) am breiten Leibgurt und Schild. Der Legionär rechts hingegen trägt eine langärmelige Tunika (tunica manicata), geschmückt mit farbigen Verzierungen, darüber einen langen Mantel mit Fibelverschluss an der rechten Schulter. Auch er ist mit Schwert am Hüftgürtel bewaffnet und hält einen Stock in der Linken (Abb. 26). Als Kopfbedeckung dient ihm eine Rundkappe (pilleus Pannonicus: Veg. mil. 1,20,18), wie sie auch Kaiser Diocletian und seine Mitregenten auf dem berühmten Tetrarchen-Monument am Markusdom in Venedig tragen (Abb. 41).*

Auxiliar-einheiten (*alae* und *cohortes*)

Die Legionen wurden unterstützt von Auxiliareinheiten (lat. *auxilium*, Hilfe). In diesen Hilfstruppen dienten in der Regel angeworbene oder rekrutierte Nichtrömer (*peregrini*) aus (Grenz-) Provinzen oder verbündeten Ethnien. Daneben gab es auch in geringer Anzahl Auxiliarkohorten aus römischen Bürgern, die freiwillig in solchen Einheiten dienten (*cohortes voluntariorum civium Romanorum*). Anders

Der Hadrianswall (Abb. 18)

Anders als in Germanien, wo der Kaiser die Errichtung einer Holzpalisade anordnete, wurde der sog. Hadrianswall (Abb. 18) in Stein ausgeführt, vielleicht weil geeignete Wälder als Quelle für Bauholz fehlten. Der Wall verlief entlang der Nordgrenze des römisch besetzten Britanniens in West-Ost-Richtung quer über die Insel von Bowness-on-Solway (*Maia*) an der Westküste bis Wallsend (*Segedunum*) nahe South Shields an der Ostküste, wo sich ebenfalls ein Militärlager befand (*Arbeia*: Not. dign. occ. 40: 22, 29, 33). Die gesamte Anlage hatte eine Länge von 80 Meilen, ca. 120 km (HA *Hadr.* 11,2). Entlang des Walls waren Kleinkastelle (eng. milecastles; oben MC 39) in regelmäßigen Abständen angelegt, mit Durchgangstoren in Nord-Süd-Richtung zur Kontrolle des Personen- und Güterverkehrs in und aus dem römisch besetzten Britannien. Ebenso gab es Beobachtungstürme und größere Auxiliarkastelle entlang des Walls.

als die Legionen mit Standorten hauptsächlich in Provinzen mit Außengrenzen waren die *auxilia* in unterschiedlichem Umfang in allen Provinzen des Imperiums stationiert. An der Seite der Legionen besetzten sie Vorposten, von wo aus sie die Grenzen beobachten und Bevölkerungsbewegungen kontrollieren konnten (Abb. 18). Zudem sorgten Soldaten aller Verbände im Inneren der Provinzen für Ordnung und Sicherheit (Ios. *bell. Iud.* 2,494) und konnten an Amtsträger der zivilen Staatsverwaltung für verschiedenste Aufgaben abkommandiert werden (z. B. Begleitung des Statthalters auf Reisen in der Provinz; Dienst bei einem kaiserlichen Verwalter, *procurator Augusti*). Die Hilfstruppen umfassten reine Infanterieeinheiten (*cohortes*), ferner solche mit einem Reiterkontingent (*cohortes equitatae*) sowie reine Kavallerieeinheiten (*alae*) (Abb. 19–20).

Die Mannschaftsstärken der *alae* und *cohortes* im Überblick (Abb. 19)

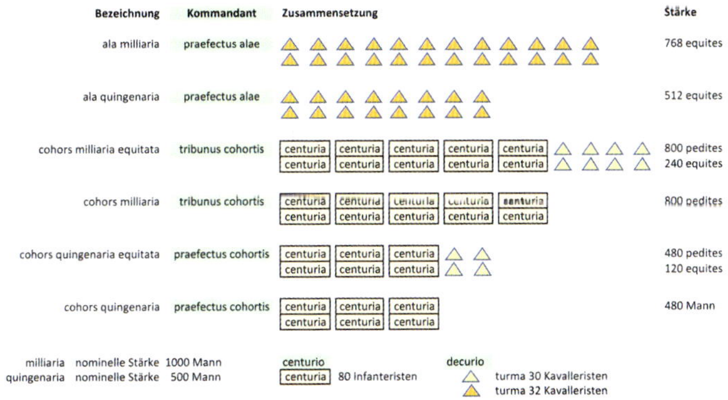

Die Grundformationen der auxiliaren Infanterie (*cohortes*) und Kavallerie (*alae*) waren nominell 500 Mann stark (*quingenar*, lat. *quingenti*, fünfhundert). Seit den flavischen Kaisern (Vespasian, Titus, Domitian, 69–96 n. Chr.) sind auch milliare, d. h. nominell 1.000 Mann starke Kohorten und Alen belegt (*cohortes/alae milliariae*; lat. *mille*, tausend). Tatsächlich aber hatte eine *cohors quingenaria* mit ihren sechs Zenturien wahrscheinlich die gleiche Stärke wie eine Legionszenturie, also 80 Mann, und zählte damit 480 Fußsoldaten (*pedites*), während eine *ala quingenaria* unterteilt war in 16 *turmae* mit vermutlich jeweils 32 Reitern (Arr. *tact.* 18,3), insgesamt also 512 Mann umfasste.
Die *cohortes milliariae* mit zehn Zenturien verfügten über 800 Infanteristen und die *alae milliariae* mit 24 *turmae* über 768 Kavalleristen. Zudem gab es quingenare Kohorten mit einem Reiterkontingent (*cohortes quingenariae equitatae*). Sie hatten neben ihren sechs Zenturien noch vier geringfügig kleinere *turmae* (30 Reiter) und damit eine Gesamtstärke von 600 Soldaten. Die *cohortes milliariae equitatae* mit 800 Fußsoldaten in zehn Zenturien und zusätzlich 240 Reitern in acht *turmae* waren 1040 Mann stark.
In den Kavallerieeinheiten (*alae*) wurden die *turmae* von einem *decurio* (Abb. 26) befehligt, dem Pendant zum Zenturio bei der Infanterie. Die milliaren Kohorten und Alen waren Eliteeinheiten, von denen es nur sehr wenige gab. Von den genannten Mannschaftsstärken gab es in der Praxis oftmals Abweichungen, deren Hintergründe uns zumeist nicht bekannt sind. Kommandiert wurden die Einheiten entsprechend ihrem Rang von equestrischen *praefecti* und *tribuni* (*tres militia*).

Die Namen der Auxiliareinheiten setzen sich in der Regel zusammen aus der Bezeichnung für den Typ der Einheit (*ala/cohors*), einer Nummer (I, II, III usw.) und zumeist dem Namen der Ethnie (im Genitiv Plural), aus der die Einheit ursprünglich rekrutiert wurde, z. B. der Bataver, Mauren, Thraker (*Batavorum, Maurorum, Thracum*). Gelegentlich trug die *ala* oder *cohors* den Namen ihres ersten Kommandanten, z. B. die Kavallerieeinheit, die zuerst der Treverer Iulius Indus befehligte (*ala Indiana*: Tac. *ann.* 3,42,3). Eine Truppe konnte auch nach dem Kaiser benannt sein, der sie ausgehoben hatte, wie etwa die zweite Kohorte der Galater, rekrutiert von Kaiser Marcus Ulpius Traianus (*cohors* II *Ulpia Galatarum*; Abb. 21), oder nach der Art ihrer Spezialbewaffnung, so etwa die erste Kohorte der Bogenschützen (*cohors* I *sagittariorum*: Abb. 22). Bisweilen finden sich auch ehrende Beinamen, mit denen eine Einheit für herausragende Leistungen vom Kaiser ausgezeichnet wurde, wie etwa die erste, *pflichtbewusste* und *treue* berittene Kohorte der Hispanier (*cohors* I *Flavia Hispanorum equitata pia fidelis*). Gelegentlich benannte man eine Einheit auch nach der Provinz, in der sie ursprünglich oder für gewisse Zeit stationiert war (z. B. *Britannica, Macedonica, Numidica*).

Abb. 20: *Ein Auxiliarinfanterist, seiner Bekleidung nach in einer Region mit rauerem Klima stationiert. Er trägt eine braune tunica und darüber eine rote, zudem zwei Paar Hosen (bracae), eine braune halblange und eine rote lange, die bis zu den geschlossenen Stiefeln reicht. Am rechten Oberarm und am unteren Ende des Kettenhemds sind gezackte Laschen einer Lederweste zu sehen. Sie schützte die tunica vor Beschädigung durch direkten Kontakt mit dem metallenen Panzer. Der Mantel (sagum) ist an der rechten Schulter befestigt. Bewaffnet ist der Soldat mit Schwert (gladius) und Dolch (pugio), angebracht an je einem metallbeschlagenen Gürtel (cingulum), dem äußeren Zeichen des Soldatenstandes während der gesamten Antike (Prok. HA 24,8). Am cingulum ist eine Platte mit metallbeschlagenem Hängeschurz befestigt. Als Kopfschutz dient ein Helm mit Stirnbügel, Nackenschutz, Ohrausschnitten und Wangenklappen.*

Wie viele Auxiliareinheiten das römische Heer zählte, ist für keine Zeit wirklich bekannt. Tacitus gibt für das Jahr 23 n. Chr. an, dass die Anzahl der Auxiliarsoldaten nicht viel geringer gewesen sei als die der Legionäre, also ungefähr 135.000 Mann (Tac. *ann.* 4,5,4). Im Laufe der nächsten Jahrzehnte wurden zahlreiche weitere Einheiten ausgehoben, die zum Teil aus Spezialisten bestanden, etwa Lanzenreitern (*contarii*) oder Dromedarreitern (*dromedarii*), sodass es um die Mitte des 2. Jh.s n. Chr. wohl mindestens 220.000 Auxiliarsoldaten gab (Abb. 23–24, 26).

Abb. 21 links: *Nach dem Grabrelief des Kavalleristen Insus aus Trier, der in der ala Augusta in Britannien diente und den Posten eines curator innehatte (spätes 1. Jh. n. Chr.). Als curator (und damit immunis) war er u. a. für die Versorgung der Soldaten seiner turma zuständig (Fest. 42 L). Insus zeigt eine Kampftrophäe vor: den abgeschlagenen Kopf eines Gegners (Abb. 13).*

Abb. 22 rechts: *Nach dem Grabmal des Kreters Hyperanor, der als Soldat der 1. Kohorte der Bogenschützen (cohors I sagittariorum) mit 60 nach 18 Dienstjahren in Germanien verstarb. Seine besondere Waffe ist ein Bogen (arcus) mit Pfeilen (sagittae) in einem Köcher (pharetra). Kretische Bogenschützenkontingente kamen in verschiedenen Provinzen zum Einsatz. Hyperanors Kohorte lag im frühen 1. Jh. n. Chr. an der obergermanischen Rheingrenze.*

Infolge von Truppenverlegungen und einem allmählichen Übergang im 1. Jh. n. Chr. zur Rekrutierung in der Stationierungsregion einer Einheit ergab sich mit der Zeit eine ethnische Durchmischung aller Heereskontingente. So haben im Jahre 157 n. Chr. Veteranen der *legio* II *Traiana fortis* in Ägypten ein Monument anlässlich ihrer ehrenvollen Entlassung (*honesta missio*) errichtet, mit Angabe ihrer Herkunftsorte. Sie kamen aus dem heutigen Tunesien, Libyen, Israel, Syrien, Italien, der Türkei und möglicherweise noch aus anderen

Abb. 23: *Ein eques der ala nova firma catafractaria milliaria (gr. katáphraktos, gepanzert). Panzerreiter kamen im Laufe des 3. Jh.s n. Chr. immer mehr zum Einsatz und blieben bis in die Spätantike ein fester Bestandteil des römischen Heeres (Not. dign. occ. 7,200; 40,21; or. 5,34; 6,35–36). Ausgerüstet ist der Kavallerist mit Helm mit Wangen- und Nackenschutz, Kettenhemd, Brustplatte, reich verzierten Beinschienen, Oberschenkelschützern, Langschwert am Schulterriemen und einer langen Lanze (contus). Sein Pferd ist in einen Schuppenpanzermantel gehüllt und trägt eine mit Hercules und Adler geschmückte Frontplatte mit Augenschutz.*

Abb. 24: *Als Reittiere dienten dem Heer neben Pferden auch Dromedare (Not. dign. or. 31: 48, 54, 57), die sich bestens eigneten für den Einsatz in Provinzen mit Wüsten (etwa Arabia oder Aegyptus). Ein langer Kaputzenmantel (paenula) schützte den eques dromedarius vor der brennenden Sonne.*

Ländern. Was diese Männer mit unterschiedlichem ethnischem, kulturellem und sprachlichem Hintergrund zu einer Gemeinschaft zusammenschweißte, war der Dienst im römischen Heer, verinnerlichte militärische Werte und Normen (*disciplina militaris*), die gemeinsame Dienstsprache Latein, die viele als Fremdsprache erst erlernen mussten, und die Ausrichtung auf den Kaiser, ihren obersten Dienstherrn, der sie versorgte und anführte, auf den sie einen Treueid (*sacramentum*) ablegten und den sie kultisch verehrten (Kaiserkult).

Die Laufbahn equestrischer Offiziere (Abb. 25)

TRES (QUATTUOR) MILITIAE	
quarta militia	praefectus alae milliariae
tertia militia	praefectus alae quingenariae
secunda militia	tribunus militum legionis tribunus cohortis milliariae (equitatae)
prima militia	praefectus cohortis quingenariae (equitatae)

Zu Beginn der Kaiserzeit wurden Auxiliareinheiten von senatorischen und equestrischen Offizieren, von *primipilares, centuriones* oder Stammesfürsten kommandiert. Kaiser Claudius (41–54 n. Chr.) richtete eine militärische Laufbahnordnung für equestrische Offiziere ein (*equestris militiae*: Suet. *Claud.* 25,1) mit der Abfolge: *praefectus cohortis – praefectus alae – tribunus militum legionis*. In der Zeit danach verfestigte sich jedoch eine leicht abgewandelte Reihenfolge. Auf der untersten bzw. ersten Stufe (*prima militia*) kommandierte ein equestrischer Offizier als Präfekt eine quingenare Kohorte (*praefectus cohortis*), mit oder ohne Kavallerie. Auf der zweiten Stufe (*secunda militia*) diente er entweder als Tribun in einer Legion (*tribunus militum legionis*) oder alternativ als Kommandant einer milliaren Kohorte (*tribunus cohortis milliariae*), wiederum mit oder ohne Kavallerie. Diese nominell 1.000 Mann starken Einheiten wurden vermutlich gegen Ende der Herrschaft Neros eingerichtet. Auf der dritten Stufe (*tertia militia*) befehligte er eine quingenare Kavallerieeinheit (zumindest im frühen Stadium der Laufbahnentwicklung konnte es sich offensichtlich auch um eine der wenigen wohl seit den Flaviern aufgestellten milliaren Kavallerieeinheiten handeln: *praefectus alae milliariae*). Den besten Kavallerieoffizieren hat vermutlich Kaiser Hadrian, der das Militärwesen reformierte (Epit. de Caes. 14,11), einen Elitestatus zuerkannt und das Kommando über eine *ala milliaria* der vierten Stufe (*quarta militia*) in der Rangordnung vorbehalten.

Abb. 26: *Marcus Caninus, decurio einer Kavallerieeinheit im Bergwerksgebiet am Mons Claudianus in Ägypten. Er diente möglicherweise in der ala Apriana, deren Aufenthalt dort für das Jahr 108 n. Chr. belegt ist. Der dargestellte Mantel basiert auf Textilfunden aus dem Steinbruch. Auch die Rundkappe, die für gewöhnlich mit der späten Kaiserzeit in Verbindung gebracht wird (Abb. 41), stammt aus dem 2. Jh. n. Chr. Der Stock (vitis) in Caninius' Rechter versinnbildlicht seinen Offiziersrang; die Papyrusrolle in seiner Linken verweist auf seine administrativen Aufgaben.*

Die römischen Wasserstreitkräfte (*classes*)

Bereits seit dem späten 4. Jh. v. Chr. hatte Rom bedarfsweise Kriegsschiffe gebaut, für die das Zweimännerkollegium der *duoviri navales* zuständig war, die zur See auch das Kommando innehatten (ab 311 bis 176 v. Chr. sporadisch belegt: Liv. 9,30,3; 41,17,7). Zudem nutzten die Römer auch Schiffe ihrer Verbündeten in Süditalien (Pol. 1,20–21). Der Schwerpunkt der römischen Kriegsführung lag jedoch stets auf den Landstreitkräften. Im Bürgerkrieg am Ende der Republik waren Flottenverbände jedoch ein wichtiges Machtinstrument der innenpolitischen Kontrahenten. Der alles entscheidende Kampf zwischen Caius Caesar und Marcus Antonius wurde 31 v. Chr. bei *Actium* als Seeschlacht ausgefochten (Abb. 27), aus der Caius Caesar, der zukünftige Augustus, als Sieger hervorging.

Augustus und seine Nachfolger an der Spitze des Staates verfügten neben stehenden Streitkräften zu Lande auch über solche zu Wasser: in Form zweier großer, von Präfekten (*praefecti classis*) kommandierter Flottenverbände (Abb. 28), stationiert in Misenum am Golf von Neapel (*classis Misenensis*) und in Ravenna (*classis Ravennas*). Von dort aus schützten sie Italien und kontrollierten das gesamte Mittelmeer, das die Römer „unser Meer" nannten (*mare nostrum*: Caes. *Gall.* 5,1,2; Abb. 14). Die kaiserlichen Flotten sicherten die Seewege für die Getreideversorgung Roms, übermittelten Nachrichten und beförderten den Kaiser und seine Familie sowie Truppen und Versorgungsgüter. Unter den Flaviern erhielten sie den Beinamen *praetoria*.

Abb. 27: *Denar, 32–31 v. Chr., Patrae, geprägt von Marcus Antonius. Vs.: Kriegsschiff mit Thyrsos (Stab, Attribut des Dionysos) am Bug, nach rechts, darunter: Triumvir (IIIVIR) zur Wiederherstellung des Staates, R(es) P(ublica) C(onstituenda). Rs.: Legionsadler mit erhobenen Schwingen zwischen zwei Feldzeichen; im Abschnitt: LEG(io) XV. Die Münze wurde kurz vor der Entscheidungsschlacht bei Actium geprägt.*

Die Organisation der Flottenverbände (Abb. 28)

Flottenverbände	Kommandant	Standorte	Operationsgebiet	
classis praetoria Misenensis	praefectus	Misenum	Reichs-	Mittelmeer
classis praetoria Ravennas	praefectus	Ravenna	weit	
classis Britannica	praefectus	Boulogne, Dover		Küsten Nordgalliens und der Britischen Inseln
classis Germanica	praefectus	Köln	Regional	Rhein
classis Flavia Pannonica	praefectus	Taurunum		Mittlere Donau
classis Flavia Moesica	praefectus	Noviodunum, Istrus		Untere Donau, Schwarzes Meer
classis Pontica	praefectus	Trapezus		Schwarzes Meer
classis Syriaca	praefectus	Seleucia Pieria		Südküste Kleinasiens bis Syrien
classis Augusta Alexandrina	praefectus	Alexandria		Östliche Küste Nordafrikas

Ranghöher als die anderen Flotten waren die im Mittelmeer operierenden *classis praetoria Misenensis* und *classis praetoria Ravennas*. Neben den angegebenen (vermutlichen Haupt-) Stützpunkten gab es noch weitere; einige von ihnen finden sich in der *Notitia dignitatum*, einem Verzeichnis hoher ziviler und militärischer Amtsträger im Ost- und Westteil des Imperium Romanum (um 400–1. Hälfte 5. Jh.), das für die spätrömische Kaiserzeit auch neu aufgestellte Wasserstreitkräfte nennt, wie etwa die Flotte der Veneter (*classis Venetum*: Not. dign. occ. 42,4) mit Stützpunkt in *Aquileia*, wo zuvor wohl auch die *classis Ravennas* Schiffe stationiert hatte.
Allen Flotten ist gemein, dass sie keine eigenständigen militärischen Operationen durchführten, sondern die Landstreitkräfte unterstützten. Das Kommando über eine *classis* führte ein equestrischer *praefectus*. In den beiden prätorischen Flotten hatte der Kommandant einen Stellvertreter (*subpraefectus*). In der Flottenverwaltung finden sich administrative Chargen, die auch in den Legionen vertreten sind: *cornicularius* in übergeordneter Funktion, verschiedene Schreiber (*librarius; cerarius; exactus; exceptor*) sowie zusätzlich zahlreiche *scribae*. Sie zeigen uns indirekt, dass auch die Flotten über eine arbeitsteilige Schriftführung verfügten. Außerordentliche Flottengeschwader (*vexillationes classium*) wurden seit dem 2. Jh. n. Chr. von einem *praepositus*, im 3. Jh. n. Chr. auch von einem *dux* kommandiert.

Nach und nach wurden auch regional operierende Flottillen eingerichtet, v. a. für Transporte, Patrouillenfahrten und gelegentliche militärische Operationen: So lag seit Augustus ein Teil der nach dem Seesieg von *Actium* erbeuteten Schiffe bei *Forum Iulii* (h. Fréjus) zum Schutz der gallischen Küste (Tac. *ann.* 4,5,1). Die in *Alexandria* stationierte *classis Alexandrina* (Abb. 14) patrouillierte die östliche Küste Nordafrikas. Die *classis Germanica* mit Hauptquartier wohl nahe Köln befuhr den Rhein. Kaiser Claudius stellte die *classis Britannica* auf, die von Standorten bei *Gesoriacum/Bononia* (Boulogne-sur-Mer) und *Dubrae* (Dover) aus im Ärmelkanal sowie im Seegebiet der Britischen Inseln operierte. Seit Nero befuhr die in *Trapezus* (h. Trabzon) stationierte *classis Pontica* das Schwarze Meer. Die *classis Pannonica* mit Hauptstützpunkt bei *Taurunum* befuhr die mittlere Donau und die *classis Moesica* mit Standorten vermutlich nahe *Noviodunum* und (zumindest im späten 2. Jh. n. Chr.) *Istros* am Donaudelta patrouillierte die untere Donau und die nordwestliche Schwarzmeerküste bis zur Krim. Die beiden letztgenannten Flotten erhielten unter den flavischen Kaisern den Beinamen *Flavia*. Zumin-

Abb. 29: *Claudius Terentianus, in tunica und halblanger Hose (bracae). Er ist uns näher bekannt aus seiner Korrespondenz mit einem gewissen Claudius Tiberianus, den er seinen Herrn und Vater (dominus et pater) nennt und der sich als Veteran in Karanis niedergelassen hatte, einem Ort im großen Oasenbecken Fayyum südlich des Nildeltas am Westufer des großen Flusses. Terentianus hatte sich im frühen 2. Jh. n. Chr. (aus Enttäuschung über das Scheitern eines anderen Vorhabens) in die alexandrinische Flotte (classis Alexandrina Augusta) eingeschrieben und diente auf dem Kriegsschiff (liburna) namens Neptunus. Allerdings war er in der Flotte nicht sonderlich glücklich. Viel lieber wollte er in einer (Legions-) Kohorte dienen, woraus aber vorerst nichts wurde: „Ohne Geld", so klagt er, „erreiche man hier (in Alexandrien?) gar nichts, und auch Empfehlungsschreiben (epistulae commandaticiae) sind wertlos, wenn man sich nicht selbst hilft". Im oben genannten Brief schreibt er, er werde mit einer Flottenabteilung (vexillatio) nach Syrien auslaufen. Vermutlich war das Geschwader an Traians Partherfeldzug mit beteiligt. Schließlich ist es ihm aber doch noch gelungen, in eine Legion versetzt werden.*

dest zeitweise gab es auch eine Flotte in Thrakien, benannt nach ihrem Stützpunkt in Perinth (*classis Perinthica*). Die *classis Syriaca*, wohl in *Seleucia Pieria* am Orontes stationiert, war entlang der syrischen und kleinasiatischen Südküste im Einsatz. Die *classis Syriaca* und die *classis Alexandrina* entsandten zudem Detachements nach *Caesarea* (h. Cherchell, Algerien) in *Mauretania Caesariensis* zum Schutz nordafrikanischer Küstenabschnitte. Aus ihnen scheint im 2. Jh. n. Chr. die *classis nova Libyca* hervorgegangen zu sein.

Die Matrosen (Abb. 29–30) rekrutierten sich hauptsächlich aus Nichtbürgern (*peregrini*). Viele Angehörige der beiden ranghöheren Flotten (*classis Misenensis* und *Ravennas*) stammten v. a. aus der östlichen Reichshälfte (Ägypten und Balkanraum). Im Gegensatz zu den anderen Flottenverbänden scheinen die Rekruten dieser beiden Flotten spätestens seit Hadrian bei Dienstantritt mit dem latinischen Rechtsstatus des *ius Latini Iuniani* (eine Art eingeschränktes römisches Bürgerrecht) privilegiert worden zu sein. Mit Dienstantritt erfolgte eine Namensänderung. So schreibt im 2. Jh. n. Chr. der Ägypter Apion nach seiner Ankunft in Misenum an seinen Vater Epimachos, dass er nunmehr den Namen Antonius Maximus trage. Ob er den Namen freiwillig annahm oder er ihm zugewiesen wurde, bleibt unklar. Am Ende der Dienstzeit von 26 (im 2. Jh.) bis 28 Jahren (im frühen 3. Jh.) erhielt ein Matrose bei ehrenvoller Entlassung das römische Bürgerrecht (*civitas Romana*; Abb. 37).

Abb. 30: *Nach dem Fund eines beim Vesuvausbruch in Herculaneum verstorbenen Soldaten, möglicherweise der Flotte von Misenum, bekleidet mit tunica, Hosen (bracae) und Mantel (sagum). Er trägt einen reich verzierten Gürtel (cingulum) mit Schwert (gladius) und Dolch (pugio). Bei dem Toten fand man außerdem zahlreiche Silber- und Goldmünzen sowie verschiedene Werkzeuge, was darauf hindeutet, dass er kein einfacher Soldat war, sondern möglicherweise ein höherrangigerer Spezialist.*

Kleine Hilfstruppen und Detachements (*numeri* und *vexillationes*)

Der unspezifische Begriff *numerus* konnte einerseits auf reguläre Einheiten (*legio, ala, cohors, classis*: Tac. *hist.* 1,87,1; Dig. 3,2,2,1) angewendet werden und findet sich so auch noch im spätrömischen Heer (Not. dign. occ. 7). Als *numerus* bezeichnete man andererseits auch eine Truppe, die bedarfsweise aus Soldaten einer oder mehrerer Einheiten für einen bestimmten Zweck vorübergehend aufgestellt wurde, so wie jener aus Kavalleristen „zusammengestellte Numerus" (*numerus collatus*), der für einige Zeit das nordafrikanische Wüstenkastell *Gholaia* belegte. In dieser Verwendung entspricht *numerus* der Bedeutung von *vexillatio*. Zudem begegnet der Begriff seit dem 2. Jh. n. Chr. auch für kleine Einheiten ohne Ordnungszahl, rekrutiert aus Ethnien in den am wenigsten romanisierten Randgebieten des römischen Herrschaftsbereichs, so etwa der *numerus Hnaudifridi*, eine germanische Einheit, benannt nach ihrem Anführer Hnaudifridus, die wohl im 3. Jh. n. Chr. in Britannien stationiert war und in *Vercovicium* (Housesteads) am Hadrianswall einen Altar weihte. Mitunter waren Bewaffnung, Funktion oder Einsatzorte Teil der Bezeichnungen dieser *numeri*, wie etwa beim Numerus der Kundschafter der Bataver (*numerus exploratorum Batavorum*). Diese ethnischen *numeri* wurden im Laufe der Zeit zu einem immer wichtigeren und größeren Teil des römischen Heeres, wie man der *Notitia dignitatum* entnehmen kann.

Als Vexillation wiederum bezeichnete man Abteilungen, die aus jedweder Einheit (Legionen, Auxiliarformationen, *numeri*, Flotten) vorübergehend herausgelöst und unter eigener Fahne (*vexillum*) und Kommandanten gruppiert wurden (Abb. 31), etwa für Kriegseinsätze, Arbeitsmaßnahmen wie den Bau von Straßen, Gebäuden (z. B. Amphitheater), Mauern (z. B. Antoninus-Pius-Wall), militärischen Anlagen (u. a. Kastell *Gholaia*), für die Beschaffung von Materialen

Abb. 31: *Szene 55 auf der Marc-Aurel-Säule in Rom: Der Kaiser, links auf einem Podium (suggestus) stehend, mit einer geöffneten Papyrusrolle (volumen) in Händen, hält eine Ansprache (adlocutio; Abb. 1) an die Soldaten, deren Blicke auf ihn gerichtet sind. Rechts vom Podium stehen im Vordergrund zwei Liktoren mit geschultertem Rutenbündel mit Beil (fasces); schräg hinter ihnen signiferi mit Tierfellhaube und jeweils einem Feldzeichen (signum) mit (kaiserlichem) Porträtbild (imago), das eine bekrönt von einer geöffneten Hand, das andere von einem Adler (aquila). Rechts davon wehen zwei Fahnen (vexilla), vermutlich von vexillationes, denen wohl die unterschiedlich gerüsteten Soldaten im Vordergrund angehören.*

in Steinbrüchen oder Ziegeleien, die Durchführung von Transportaufgaben oder für sonstige Tätigkeiten (bspw. Heuernte, Holzarbeiten, Aufklärung und Erkundung). Am *limes Tripolitanus* in Nordafrika etwa haben Vexillationen der in *Lambaesis* stationierten *legio* III *Augusta* mehrere, weit nach Süden vorgeschobene Kastelle errichtet, so z. B. *Gholaia* (Bu Njem) und *Myd(atsa?)* (Gheriat el-Garbia), wo Soldaten dieser Legion von 201 bis 238 n. Chr. als Schutztruppe (*praetendentes*) stationiert waren.

Legionsvexillationen für Kriegseinsätze waren größer und standen bis in die 2. Hälfte des 2. Jh.s n. Chr. in der Regel unter dem Kommando eines senatorischen Offiziers (*legatus, tribunus*: Tac. *hist.* 4,24,1). *Primipili* begegnen als Befehlshaber solcher Verbände seit Septimius Severus und später auch equestrische Offiziere (*praefecti, tribuni angusticlavii*), die zuvor nur auxiliare Vexillationen aus ihrer Dienstprovinz kommandierten. Seit dem (späteren) 2. Jh. n. Chr. werden die Titel *dux* und v. a. *praepositus* für Vexillationskommandeure von Land- und Seestreitkräften gebräuchlich. Personell waren in diesen Spezialverbänden jene Chargen vertreten, die wir auch sonst in den regulären Einheiten finden, so etwa *immunes* und *principales*; unter ihnen finden sich auch Schriftführer (*librarius*), denn administrative Tätigkeiten fielen ebenso unterwegs wie auf Außenposten an.

Als seit dem späteren zweiten und v. a. im 3. Jh. n. Chr. die militärischen Krisenherde immer zahlreicher wurden und Grenzabschnitte nicht durch die Verlegung ganzer Einheiten für längere Zeit entblößt werden konnten, wurden Expeditionsarmeen immer häufiger aus Vexillationen gebildet, die als kleinere, hochmobile Verbände längerfristig bestanden und schließlich zu eigenständigen Einheiten wurden – eine Entwicklung, die spätkaiserzeitliche Verhältnisse vorwegnahm. Im spätrömischen Heer wurde der Begriff *vexillatio* zur Bezeichnung von Kavallerieeinheiten (Not. dign. occ. 6; or. 5–6), für die das *vexillum* die traditionelle Fahne war.

Militär in der Hauptstadt

Abb. 32: *Ein Prätorianer (miles praetorianus), gekleidet im römischen Bürgergewand (toga: Tac. hist. 1,38,2), wie er vermutlich in der Umgebung des Kaisers innerhalb der Stadtmauern Roms seinen Dienst versah, mit dem Schwert (gladius) nahezu unsichtbar im Bausch seiner Toga versteckt.*

Anders als in republikanischer Zeit waren im kaiserzeitlichen Rom auch bewaffnete Einheiten präsent, deren Umfang im Laufe der Zeit anwuchs. Unseren Überblick wollen wir mit den ranghöchsten und auch bekanntesten unter ihnen beginnen, den Prätorianern (Abb. 32).

Die Prätorianerkohorten (*cohortes praetoriae*)

Die von Augustus aufgestellten *cohortes praetoriae* bildeten die kaiserliche Garde (Cass. Dio 53,11,5). Ihr Umfang schwankte zwischen anfangs neun und kurzzeitig sechzehn Kohorten unter Vitellius (Tac. *hist.* 2,93,2; 69 n. Chr.), scheint sich aber bei zehn Kohorten eingependelt zu haben. Ungewiss ist auch, ob die Kohorten anfangs (wahrscheinlich) 500 oder bereits 1.000 Mann stark waren oder erst später zu dieser Stärke aufgestockt wurden. Neben Infanterie gab es auch Kavallerie. Hatte Augustus nur drei Kohorten in Rom selbst und die übrigen nahe Landstädten um Rom herum stationiert, so waren seit Tiberius (14–37 n. Chr.) alle Prätorianer in den *castra praetoria*, einem neu errichteten Lager auf dem Viminal-Hügel nahe dem heutigen Hauptbahnhof Termini, untergebracht (Suet. *Aug.* 49,1; *Tib.* 37,1; Tac. *ann.* 4,2,1).

Bis ins späte 2. Jh. n. Chr. rekrutierte sich diese Elitetruppe aus römischen Bürgern, größtenteils aus Italikern (Tac. *ann.* 4,5,3). Sie genossen höhere Soldzahlungen, eine kürzere Dienstzeit (in der Regel 16 Jahre; Cass. Dio 55,23,1) und hatten gute Chancen auf Beförderung zum *centurio* oder *tribunus* bei den *cohortes vigilum*, *cohortes urbanae* oder in den Legionen. Die Nähe zum Kaiser verlieh ihnen höheres Prestige und machte sie mitunter zu einem bedeutenden Machtfaktor bei der Einsetzung eines neuen Regenten. Den Prätorianern oblag die Sicherheit des Kaisers und seiner Familie. Sie wirkten zudem bei der Aufrechterhaltung der öffentlichen Ordnung mit (Tac. *ann.* 14,61,1) und erledigten Spezialaufträge wie Exekutionen (Tac. *ann.* 15,60,2–4).

Das Kommando über die Prätorianer führten ein oder zwei equestrische Präfekten (*praefecti praetorio*: Cass. Dio 55,10,10). Dieser Posten bildete das höchste Amt in der ritterlichen Laufbahn. Zudem fungierten die Präfekten als Richter und Berater des Kaisers. Einige von ihnen stiegen sogar zum Kaiser auf (Macrinus 217–218 n. Chr., Philippus Arabs 244–249 n. Chr., Carus 282–283 n. Chr.).

Abb. 33: *Denar, 96 n. Chr., Rom. Vs.: Kopf des IMP(erator) NERVA CAES(ar) AVG(ustus), P(ontifex) M(aximus), Inhaber der tribunizischen Amtsgewalt, TR(ibunicia) P(otestas), Konsul zum 2. Mal, COS II, Vater des Vaterlandes, P(ater) P(atriae), mit Lorbeerkranz. Rs.: Zwei ineinander greifende rechte Hände (dextrarum iunctio) vor einer Standarte mit Legionsadler über einem Schiffsbug (prora). Die Bildelemente symbolisieren die enge Verbundenheit zwischen Kaiser und Heer, die zusätzlich von der Legende „Eintracht mit den Heeren" (CONCORDIA EXERCITVVM) unterstrichen wird. Gerade in Zeiten politischer und militärischer Instabilität (Cass. Dio 68,3,3) beschworen die Kaiser dieses Nahverhältnis auf den von ihnen für das Heer geprägten Münzen.*

Die *cohortes praetoriae* wurden zusammen mit den kaiserlichen Gardereitern (*equites singulares Augusti*) von Constantin (306–337 n. Chr.; Abb. 40) aufgelöst, weil sie dessen Kontrahenten Maxentius (306–312 n. Chr.) bis zu dessen Tod in der Schlacht an der Milvischen Brücke 312 n. Chr. die Treue gehalten hatten. Der Sieger ersetzte sie durch die *scholae palatinae* (Zos. 2,17,2). Die *praefecti praetorio* verloren im Zuge dieser Reorganisation ihre militärischen Kompetenzen und waren seitdem nur noch für zivile Verwaltungsaufgaben zuständig.

Die Stadtkohorten (*cohortes urbanae*)

Neben den Prätorianerkohorten richtete Kaiser Augustus auch drei ca. 500 Mann starke Stadtkohorten (*cohortes urbanae*) ein, die, rangniedriger als die *cohortes praetoriae*, dem Befehl des senatorischen Stadtpräfekten (*praefectus urbi*: Suet. *Aug.* 37,1) unterstanden. Sie führten im Anschluss an die *cohortes praetoriae* die Nummern X, XI und XII und waren wie die Prätorianereinheiten unter Augustus in Landstädten um Rom herum stationiert, bevor sie dann ebenfalls in den *castra praetoria* Quartier bezogen. Möglicherweise hatten sie in späterer Zeit ein eigenes Lager (Sym. *epist.* 9,57[54]; Dig. 48,5,16[15],3: *urbana castra*). Im Laufe der nächsten Jahrzehnte wurden weitere Kohorten aufgestellt (68 n. Chr. waren es insgesamt neun *cohortes urbanae* X–XVIII). Eine davon lag im gallischen *Lugdunum* (Lyon), wohl als Schutztruppe für die dortige kaiserliche Münzstätte. Je eine verlegte Kaiser Claudius zur Verhinderung von Feuersbrünsten in die für die Getreideversorgung Roms wichtigen Hafenstädte Ostia und Puteoli (h. Pozzuoli; Suet. *Claud.* 25,2). Eine weitere Kohorte stand später in Karthago unter dem Befehl des Statthalters (*proconsul*) von Africa. Septimius Severus erhöhte die Stärke der Einheiten auf 1.500 Mann. Ihre Hauptaufgabe bestand darin, für Ordnung und Sicherheit zu sorgen (Dig. 1,12,1,12). Zudem waren *milites urbaniciani* in die Verfolgung von Straftaten involviert. Ihre Dienstzeit betrug 20 Jahre (Dig. 27,1,8,9). Die Stadtkohorten rekrutierten sich über lange Zeit hinweg überwiegend aus Italikern. Für den Dienst als *miles urbanicianus* war das römische Bürgerrecht erforderlich. Das Kommando auf Zenturienebene führten Zenturionen und auf Kohortenebene Tribune. Ebenso finden sich in den Stadtkohorten viele der bereits erwähnten Chargen, wie etwa *cornicularii*. Im Dienst waren die *milites urbaniciani* vermutlich ähnlich wie die Prätorianer einsatzabhängig in Bürgerkleidung oder Rüstung unterwegs, wie das Grabrelief des Marcus Cincius Nigrinus aus der *cohors* XI *urbana* zeigt, der in *tunica* und Mantel (*sagum*) dargestellt ist, mit Helm, Panzer nebst Bein- und Armschienen in einem gesonderten Feld daneben (2. Jh. n. Chr.). Das spätere Schicksal der Stadtkohorten ist ungewiss. Vermutlich kämpften sie 312 n. Chr. mit den Prätorianern an der Seite des Maxentius gegen Constantin an der Milvischen Brücke und wurden anschließend aufgelöst.

Die stadtrömische Feuerwache (*cohortes vigilum*)

Nach einem Experimentieren mit einer Löschmannschaft aus 600 Sklaven zur Brandbekämpfung in der Hauptstadt (Cass. Dio 54,2,4) hat Augustus 6 n. Chr. sieben paramilitärisch organisierte Kohorten als Feuerwache aufgestellt (*cohortes vigilum*: Cass. Dio 55,26,4–5; Abb. 34), die sich zunächst aus Freigelassenen, später auch aus römischen Bürgern rekrutierte. Ursprünglich waren die Kohorten wohl 500 Mann stark und wurden später auf 1.000 Mann aufgestockt. In Inschriften auf Monumenten, die von *cohortes vigilum* zu Beginn des 3. Jh.s errichtet wurden, begegnen uns die Angehörigen der Feuerwache mit der für das reguläre Militär typischen Terminologie: Die *vigiles* nannten sich Soldaten (*milites*), erhielten gegebenenfalls eine ehrenvolle Entlassung (*honesta missio*) und wurden damit zu Veteranen (*veterani*).

Über die Pflichten des Präfekten schreibt der römische Jurist Paulus:
„Er muss die ganze Nacht hindurch auf Wache sein (*vigilare*) und Kontrollgänge (*coerrare*) mit seinen Leuten machen, gestiefelt und mit Wassereimern sowie Äxten; auch muss er alle Hausbewohner dazu ermahnen, Sorgfalt walten zu lassen, damit nicht durch irgendeine Nachlässigkeit (*neglegentia*), ein Brand (*incendium*) ausbricht." (Dig. 1,15,3,3–4)

		Praefectus vigilum						
stationes/excubitoria	tribunus	coh. I	coh. II	coh. III	coh. IV	coh. V	coh. VI	coh. VII
	centurio	centuria	centuria	centuria	centuria	centuria	centuria	centuria
	centurio	centuria	centuria	centuria	centuria	centuria	centuria	centuria
	centurio	centuria	centuria	centuria	centuria	centuria	centuria	centuria
	centurio	centuria	centuria	centuria	centuria	centuria	centuria	centuria
	centurio	centuria	centuria	centuria	centuria	centuria	centuria	centuria
	centurio	centuria	centuria	centuria	centuria	centuria	centuria	centuria
	centurio	centuria	centuria	centuria	centuria	centuria	centuria	centuria
REGIO	Augustus	VII (IX)	V (III)	VI (IV)	XII (XIII)	II (I)	VIII (X)	XIV (XI)
	3. Jh.	VII (IX)	V (III)	VI (IV)	XII (XIII)	II (I)	VIII (XI)	XIV (IX)

Abb. 34: *Die sieben cohortes vigilum waren über die 14 regiones der Stadt Rom verteilt. Jede cohors war für zwei, sehr wahrscheinlich aneinander angrenzende regiones zuständig. Aus schriftlichen und archäologischen Quellen kennen wir für die meisten Kohorten die vermutlich eine von den jeweils zwei Stadtregionen. Die vermutete andere regio ist in Klammern angegeben. Die obere Zahlenreihe zeigt die wahrscheinliche Verteilung unter Augustus und in der Folgezeit an.*

Jede Kohorte bestand aus sieben Zenturien, jeweils angeführt von einem Zenturio. Die einzelne Kohorte kommandierte ein Tribun, oftmals ein ehemaliger *primus pilus*, und alle Kohorten zusammen unterstanden dem equestrischen *praefectus vigilum*, der einen *subpraefectus* zur Seite hatte.

Jede Kohorte war zuständig für zwei der insgesamt 14 Stadtbezirke (*regiones*), in die Augustus Rom eingeteilt hatte (Dig. 1,15,3 pr.). Zu diesem Zweck waren die *vigiles* nicht in einer einzigen Kaserne einquartiert, sondern an geeigneten Orten (*opportuna loca*) mit Wachposten (*excubitoria*) über das gesamte Stadtgebiet verteilt (Abb. 35). Neben der Brandprävention und -bekämpfung (Infobox S. 40) nahmen die *vigiles* auf ihren Kontrollgängen auch polizeiliche Aufgaben wahr, indem sie Verbrechen wie Brandstiftung, Einbruch, Diebstahl oder Räuberei verfolgten (Dig. 1,15,3,1). Kaiser Claudius stationierte auch in Ostia und Puteoli je eine *cohors vigilum* zur Verhinderung von Feuersbrünsten (Suet. *Claud.* 25,2).

Nach der *lex Visellia* aus dem Jahr 24 n. Chr. erhielten Freigelassene mit latinischem Rechtsstatus (entsprach einem eingeschränkten römischen Bürgerrecht) nach sechsjährigem Dienst bei den *vigiles* das römische Bürgerrecht, später aufgrund eines Senatsbeschlusses nach drei Jahren. Anscheinend erfolgte die Verleihung noch während der Dienstzeit, deren Länge wir nicht genau kennen. Manche *vigiles* dienten ein bis drei Jahre, andere sechs bis sieben

Die Wachposten (Abb. 35)
Im römischen Stadtteil Trastevere (*trans Tiberim*) in der Via della VII Coorte gegenüber von San Crisogono befindet sich ein Haus mit der Aufschrift *Staz. Coorte VII Dei Vigili*. Dahinter verbirgt sich der Zugang zu einem heute ca. 8 m tiefer liegenden Wachposten (*excubitorium*) der *cohors* VII *vigilum*, mit Heiligtum (*lararium*) für den Schutzgeist des Wachpostens (*genius excubitorii*) und Räumen für die Wachmannschaft. An den Wänden sind zahlreiche Graffiti von *vigiles* aus dem 3. Jh. n. Chr. eingeritzt. Darunter wird eine dienstliche Aufgabe häufig erwähnt: *sebaciaria* bzw. *sebaciam feci(t)* (v. *sebum*, Talg). Damit ist möglicherweise gemeint, dass der als *sebaciarius* eingeteilte Soldat (*miles*) mit Talgfackeln die vorgeschriebenen nächtlichen Patrouillengänge im Wachbezirk absolviert und überprüft hat, dass „alles sicher" ist (*omnia tuta*). Dieser Dienst dauerte allem Anschein nach einen Monat und war offensichtlich sehr ermüdend, wie uns Fufius Getulicus aus der Zenturie des Felix mitteilt: „Ich bin platt. Gebt (mir) einen Nachfolger." (*lassus sum, successore[m date]!*).

Jahre oder noch länger. Die Geschichte der *vigiles* über das 3. Jh. n. Chr. hinaus ist nicht bekannt.

Die berittene kaiserliche Garde (*Germani corporis custodes / equites singulares Augusti*)

Neben der Prätorianergarde hat Augustus auch einen Trupp von Batavern (*numerus Batavorum*: Suet. *Cal.* 43) bzw. eine Kohorte von Germanen als Leibwache (*Germanorum cohors ad custodiam corporis*: Suet. *Galb.* 12,2) eingerichtet. Diese von einem Bediensteten aus dem näheren Umfeld des Kaisers kommandierte Einheit galt als sehr kaisertreu (*fidelissima*), wurde aber von Galba (Juni 68–Jan. 69 n. Chr.) aus Argwohn aufgelöst. Ihr späterer Nachfolger war der *numerus equitum singularium Augusti*, eine von Domitian oder Traian eingerichtete Kavallerieformation, die den Kaiser zusätzlich zu den *cohortes praetoriae* ins Feld begleitete und schützte

(Abb. 11; Cass. Dio 68,31,3). Ob der *numerus* zunächst 500 Mann stark war und erst später zu der 1000 Mann umfassenden Truppe aufgestockt wurde, als die sie im 2. Jh. in Erscheinung tritt, ist ungewiss. Ihre Angehörigen rekrutierten sich aus den besten Reitern der auxiliaren *alae* an Rhein und Donau. Nach ca. drei bis sieben Jahren Dienst in einer *ala* wurden einzelne Kavalleristen ausgewählt (daher die Bezeichnung *singulares*). Mitglieder der Reitergarde konnten aufsteigen, z. B. zu einem Offizier in den Legionen oder *auxilia*, wie dies etwa T. Flavius Lucilius gelang, der bei den *equites singulares Augusti* zum *vexillarius* und *summus curator* befördert wurde, anschließend als *centurio* in einer Auxiliarkohorte diente und unter Hadrian die *honesta missio* mit allen Privilegien (*omnia commoda*) erhielt.

Die Reiter waren in *turmae* eingeteilt, die von Dekurionen (*decuriones*) befehligt wurden. Der ranghöchste unter ihnen war der *decurio princeps*. Das Kommando über die *equites singulares Augusti* insgesamt hatte ein *tribunus*, der direkt dem (bzw. den) Prätorianerpräfekten unterstand. Spätestens seit Septimius Severus waren es zwei *tribuni*; zudem stockte der Kaiser die Einheit auf 2.000 Reiter auf. Nunmehr war diese Elitetruppe in zwei Lagern untergebracht, in einem älteren Lager, das auf die traianische Zeit zurückgeht (*castra priora*), und in einem nicht allzu weit entfernt gelegenen neuen Lager (*castra nova*), das sich dort befand, wo heute die Kirche San Giovanni in Laterano steht.

Bis 139 n. Chr. dienten Kaiserreiter 25 oder mehr Jahre, danach blieb es in der Regel bei 25. Das Ende der Einheit kam 312 n. Chr. nach Constantins Sieg über Maxentius, dem die *equites singulares* bis zum Schluss loyal verbunden blieben.

Der Feuerschutz auf dem Palatin

Irgendwann nach den Palasterweiterungen Domitians (81–96 n. Chr.) und vor der Zeit der Severer (193–235 n. Chr.), als der Palatin, der zur *regio* X gehörte, immer mehr überbaut worden war, kam es vermutlich zu Umorganisationen (bei der Verteilung der Zuständigkeiten der *cohortes vigilum*) dergestalt, dass die Prätorianergarde und wohl auch Sklaven bzw. Freigelassene aus dem kaiserlichen Haushalt (*familia Caesaris*) die Feuerwache auf dem Palatin übernahmen. Die *cohors* VI *vigilum*, vormals wohl auch für die *regio* X verantwortlich (Abb. 34), erhielt als neue Zuständigkeit vermutlich die *regio* XI (mit dem Circus Maximus südlich des Palatins), während sich die *cohors* VII und *cohors* I wahrscheinlich die Betreuung der *regio* IX teilten.

Weitere Soldaten-kontingente in Rom

Neben den bereits genannten Einheiten waren noch kleinere, teilweise berittene Kontingente von Soldaten für Spezialaufgaben in Rom präsent. So gab es seit Beginn der Kaiserzeit die *speculatores Augusti* (Abb. 36). Auf ein spätrepublikanisches Vorbild zurückgehend (Caes. *Gall.* 2,11,2–3), waren diese Soldaten vom Rang her *principales* und fungierten primär als Kundschafter und Aufklärer (Var. *ling.* 6,82; Fest. 69 L; Veg. *mil.* 3,22,13). Sie dienten in Rom und waren in die *cohortes praetoriae* eingegliedert (Tac. *hist.* 2,33). Ihre Stärke ist unbekannt. Zwar ist ein *centurio speculatorum* belegt, aber bislang keine spezielle Einheit von *speculatores Augusti*. Sie erledigten für die Kaiser Aufklärungstätigkeiten, Exekutionen (Sen. *benef.* 3,25; Dig. 48.20.6), Kurierdienste (Suet. *Cal.* 44,2), fungierten auch als kaiserliche Leibgardisten und trugen als sichtbares Zeichen ihrer Stellung besondere Schuhe (*speculatoria caliga*: Suet. *Cal.* 52) sowie Schwert (*mucro*) und Lanze (*lancea*) (Tac. *hist.* 1,27,2; *Claud.* 35,1). Ihre Bedeutung scheint im 2. und 3. Jh. allmählich zurückgegangen zu sein, bevor sie dann als Teil der Prätorianer von Kaiser Constantin aufgelöst wurden. Auch in den Provinzen gab es *speculatores*. Sie waren aus den Legionen in den Stab der Provinzstatthalter abkommandiert. Ihr Dienst brachte es mit sich, dass sie auch nach Rom entsandt werden

Quartier in den *castra peregrina*
Die Soldaten, die sich für Sonderaufgaben vorübergehend in der Hauptstadt aufhielten, bildeten dort keine eigene, geschlossene Einheit, sondern waren auf dem Stadthügel Caelius lediglich in einem gemeinsamen Lager (*castra peregrina*) untergebracht, das seit dem 2. Jh. n. Chr. belegt ist und noch im 4. Jh. existierte (Ammian. 16,12,66). Die Leitung hatte dort der *princeps castrorum peregrinorum* im Range eines Zenturios inne.

Kommando	Einheiten
Kaiser / praefecti praetorio	cohortes praetori
Kaiser / praefecti praetorio	speculatores Aug
Kaiser / praefecti praetorio	evocati Augusti
Kaiser / praefecti praetorio	numerus statorur
Kaiser / Vertrauter	Germani corporis
Kaiser / praefecti praetorio?	numerus equitum
Kaiser / praefecti praetorio?	speculatores (aus
Kaiser / praefecti praetorio?	numerus frument
Kaiser / praefectus urbi	cohortes urbanae
Kaiser / praefectus vigilum	cohortes vigilum
Kaiser / ?	classiarii

konnten (Tac. *hist.* 2,73), wo sie dann in den *castra peregrina* Quartier bezogen.

Ferner gab es die *statores Augusti* (oder *praetorii*). Sie gehörten ebenfalls zu den Prätorianern und bildeten mit mindestens zwei Zenturien (Ps.-Hyg. *mun. cast.* 19, 29, 30) einen *numerus statorum*, der vermutlich in den *castra praetoria* einquartiert und den Prätorianerpräfekten unterstellt war. Die *statores* erfüllten militärpolizeiliche Aufgaben und Vollstreckungsdienste.

Hinzu kommen noch die *evocati Augusti*, „Herausgerufene des Kaisers", also Soldaten, die ob ihrer herausragenden Qualitäten nach ihrer ehrenvollen Entlassung (aus den *cohortes praetoriae*, gelegentlich aus den *cohortes urbanae*, selten aus der misenischen Flottenabteilung in Rom oder aus der *legio* II *Parthica*) auf persönliche Einladung des Kaisers hin ihren Dienst auf höherer Rangstufe wieder aufnahmen und diverse Aufgaben übernahmen (Tac. *ann.* 2,68).

Neben den bereits genannten *speculatores* aus den Provinzen waren eine weitere in den *castra peregrina* wohl seit Traian einquartierte Gruppe von Soldaten die *frumentarii*, die v. a. seit dem 2. Jh. n. Chr. in Erscheinung treten. Diese aus Legionen rekrutierten *principales*

Abb. 36: *Die bewaffneten Kräfte in Rom hatten ihre Quartiere in verschiedenen Stadtbezirken. Wer über sie das direkte Kommando führte, ist nicht in jedem Fall klar, vor allem bei den Soldaten, die in den castra peregrina einquartiert waren. Letztlich unterstanden sie dem Kaiser, aber möglicherweise war ihnen ein hoher Offizier, etwa ein Prätorianerpräfekt oder der princeps castrorum peregrinorum vorangestellt. Da die speculatores und frumentarii auch vertrauliche Aufgaben erfüllten, wird ein solcher Offizier nahe am Kaiser zu verorten sein, was für die Prätorianerpräfekten als direkte Vorgesetzte spricht. Wer den in Rom stationierten Matrosen (classiarii) der Flotten von Misenum und Ravenna außer dem Kaiser noch vorgesetzt war, ist nicht bekannt. Die Germani corporis custodes hatten Sueton zufolge ihre Quartier bei den Gärten des Dolabella (Suet. Galb. 12,2); wo sich diese befanden, ist ebenfalls unbekannt. Auch ist unklar, ob die cohortes urbanae in späterer Zeit ein eigenes Lager hatten.*

Militär in Rom

	Quartier
	castra praetoria
	castra praetoria
	castra praetoria
	castra praetoria
des (bis 68 n. Chr.)	nahe der horti Dolabellae
lares Augusti (ab Domitian/Traian)	castra priora, castra nova
nzen)	castra peregrina
m	castra peregrina
	castra praetoria (castra urbana?)
	stationes, excubitoria
	castra Misenatium / Ravennatium

bildeten in Rom einen vielleicht bis zu 100 Mann starken *numerus frumentariorum* und hatten einen Exerziermeister (*exercitator militum frumentariorum*) für ihre Ausbildung. Ihre Einsatzbefehle, etwa für Kurierdienste (Cass. Dio 79,14,1), polizeiliche Ermittlungen, geheimdienstliche Tätigkeiten (HA *Hadr.* 11,4; *Opil.* 12,4; *Claud.* 17,1), Exekutionen (HA *Comm.* 4,5) oder die Aufsicht über Arbeiten etwa in kaiserlichen Steinbrüchen oder an Baustellen scheinen sie (auch) über die *praefecti praetorio* (HA *Comm.* 4,5) vom Kaiser erhalten zu haben. Zumindest um die Mitte des 3. Jh.s n. Chr. waren in den *castra peregrina* auch abkommandierte (*deputati*) und „überzählige" (*supernumerarii*) Zenturionen anzutreffen.

Schließlich waren von den kaiserlichen Flotten in Misenum und Ravenna Matrosen (*classiarii*) nach Rom abkommandiert und dort anfangs anscheinend in den *castra praetoria* (Ios. *ant. Iud.* 19,253), später in eigenen, vermutlich unter den Flaviern errichteten Lagern untergebracht (*castra Ravennatium* und *castra Misenatium*). Sie leisteten Kurierdienste zwischen Rom und Ostia bzw. Puteoli (Suet. *Vesp.* 8,3), waren für den Betrieb der schattenspendenden Sonnensegel (*vela*: HA *Comm.* 15,6) im *Amphitheatrum Flavium* (Kolosseum) zuständig und an Organisation und Durchführung von Schau-Seeschlachten (*naumachia*: R. Gest. div. Aug. 23; Suet. *Tit.* 7,3) beteiligt. Vermutlich wurden sie auch für Ordnungs- und sonstige Aufgaben in der Kapitale eingesetzt.

Zudem bedienten sich die Kaiser auch der bereits mehrfach erwähnten ehemaligen *primi pili* (*primipilares* genannt), die nach ihrem Amtsjahr nicht aus dem Heer ausschieden, sondern von den Herrschern mit militärischen oder zivilen Spezialaufgaben in Italien sowie in den Provinzen betraut wurden: So dienten sie etwa im Stab eines Heereskommandeurs (Tac. *hist.* 3,70,1), bekleideten außerordentliche Kommandoposten (Tac. ann. 2,11,1; hist. 1,87,2; CIL VIII 20996 = EDCS-26500066), übernahmen die Logistik kaiserlicher Feldzüge (*annona exercitus*: CIL IX 1582), verwalteten ein Gebiet (Tac. *ann.* 4,72,1) oder führten Landvermessungsarbeiten durch (Suet. *Cal.* 21).

Entlassung aus dem Heer (*honestam missionem dare*)

Am Ende der regulären (oder aufgrund kaiserlicher Gunsterweisung oder wegen Invalidität [*missio causaria*] verkürzten) Dienstzeit erhielten alle pro Truppe bzw. Rekrutierungsjahrgang ehrenvoll aus dem Heer Entlassenen (*honeste missi*) eine Reihe von Privilegien (*commoda*: Suet. *Aug.* 49,2; Cass. Dio 54,25,5–6) verliehen, wie etwa die Befreiung von bestimmen Abgaben oder Pflichten, deren Umfang sich nach den Truppengattungen unterschied. Vermutlich erhielten die vom Fahneneid Entbundenen (*sacramento soluti*) eine Entlassungsurkunde (*instrumentum*) durch die provinziale Militäradministration, ob routinemäßig oder auf Nachfrage des Ausscheidenden, ist ungewiss. Zudem verliehen die Kaiser den *honeste missi* der auxiliaren *alae* und *cohortes*, der *classes praetoriae* und der

Abb. 37: *Eines der am besten erhaltenen Militärdiplome für einen Soldaten der misenischen Flotte (classis Misenensis), gefunden in Slavonski Brod (Kroatien). Es wurde am 9. Februar 71 n. Chr. für den Zenturio Luccaius, Sohn des Birsus, aus Marsunnia, am Ort 23 ausgestellt.*

Die Militärdiplome

Die Doppelurkunde besteht aus zwei über Ösen und Metallringe fest miteinander verbundenen, rechteckigen Bronzetafeln (16,8 cm x 13,1 cm; Abb. 37), die man vor der Versiegelung wie ein Buch auf- und zuklappen konnte. Tafel 1 (links) hat eine Außenseite (1a, oben) und eine Innenseite (1b), Tafel 2 ebenfalls eine Innenseite (2a) und eine Außenseite (2b, oben). Die Seiten 1b und 2a lagen einander gegenüber und enthalten je eine Hälfte des in etwas größerer Schrift parallel zu den Tafellängsseiten eingravierten kaiserlichen Privilegierungstextes (*constitutio*). Auf der Außenseite 2b stehen, ebenfalls parallel zu den Längsseiten der Tafel, die untereinander eingravierten Namen der sieben Zeugen. Diese Angaben pro Zeile sind so angebracht, dass in der Mitte der Tafel ein Zwischenraum für die Wachssiegel der Zeugen frei gelassen wurde.

Die Siegel sind durch eine zwischen zwei aufragende Seitenwände einschiebbare Abdeckung geschützt. Mit der Siegelung bestätigten die Zeugen, dass der Wortlaut auf den verschlossenen Innenseiten (1b u. 2a) authentisch ist mit dem Original der in Rom publizierten Konstitution. Auf der Außenseite 1a steht in kleinerer Schrift parallel zu den Schmalseiten der Tafel ebenfalls der gesamte Konstitutionstext. Er reichte für gewöhnlich als Nachweis der Privilegienverleihung. Nur im Notfall wurden etwa vor Gericht die Siegel erbrochen, um die Übereinstimmung des Textes auf der Außenseite mit jenem auf den Innenseiten zu überprüfen.

Die äußere Form dieses Schriftstücks war aufgrund der juristischen Bedeutung des Dokuments erforderlich. Mit der Siegelung war das Dokument vor Fälschung geschützt und konnte als Beweismittel verwendet werden. Das vorliegende Diplom bestätigte, dass der ehemalige *centurio* Luccaius nunmehr römischer Bürger war und das Recht zur Eheschließung mit einer Nichtrömerin hatte.

equites singulares Augusti das römische Bürgerrecht (*civitas Romana*) und das Recht zur Eheschließung mit einer nicht-römischen Frau (*conubium*) sowie den Mitgliedern der *cohortes praetoriae* und *cohortes urbanae* das *conubium*. Dieser Privilegierungsakt wurde mit einer Doppelurkunde bestätigt (modern als Militärdiplom bezeichnet; Abb. 37)

Das früheste Diplom dieser Art ist auf den 11. Dezember 52 n. Chr. datiert, stammt also aus der Regierungszeit des Claudius. Unter Antoninus Pius (138–161 n. Chr.) änderte sich die Rechtspraxis: Wenn ein Soldat bereits vor der ehrenvollen Entlassung mit einer Lebensgefährtin in einer eheähnlichen Beziehung Kinder hatte, so waren diese in der Regel in die Bürgerrechtsverleihung mit eingeschlossen. Nach 140 n. Chr. erhielten zumeist nur noch jene Kinder das Bürgerrecht, die nach der Privilegierung des Vaters geboren wurden.

DIE VETERANEN (*VETERANI*)

Mit der ehrenvollen Entlassung aus dem Heer, die mit Feierlichkeiten verbunden war, wurden die Soldaten zu Veteranen (Dig. 49,16,13,3) und erhielten vom Kaiser eine Landzuweisung oder eine Barabfindung, die allmählich die Regel wurde. Die hierfür benötigten Gelder bezahlte Augustus anfangs noch aus eigener Tasche, bevor er 6 n. Chr. eine steuerfinanzierte Militärkasse (*aerarium militare*) einrichtete und damit die Versorgung ausgedienter Soldaten langfristig sicherte (R. Gest. div. Aug. 16–17). Veteranen genossen abhängig von dem Truppenteil, in dem sie gedient hatten, unterschiedlich umfangreiche Privilegien (Befreiung von kommunalen Leistungspflichten oder bestimmten Abgaben) und zählten neben Senatoren, Rittern und Dekurionen (Ratsmitglieder in Gemeinden römischer oder latinischer Bürger: *colonia, municipia*) zur Gruppe privilegierter Personen (*honestiores*) und waren damit vor Folter, Zwangsarbeit und entehrenden Strafen geschützt (Dig. 49,18,3). Von den Veteranen kehrten manche in ihre Heimat zurück, andere wiederum ließen sich in der Nähe ihrer ehemaligen Einheit nieder oder in wirtschaftlichen bzw. verkehrstechnischen Zentren und betätigten sich mit unterschiedlichem Erfolg z. B. in Landwirtschaft, Handwerk, Handel und anderen Dienstleistungsgewerben, wie etwa L. Iulius Serenus, der während seiner aktiven Zeit im Ägypten des 3. Jh.s n. Chr. für die Versorgung seiner Kavallerieeinheit (*ala veterana Gallica*) tätig war und nach seinem Ausscheiden erfolgreich Wein produzierte (Abb. 38). Manch einer machte an seinem Niederlassungsort sogar Karriere.

Abb. 38: *Darstellung eines von Ochsen gezogenen Fuhrwerks, auf dem zwei gelagerte Weinfässer transportiert werden. Hinter dem Kutscher liegt ein Hund auf den Fässern (Augsburg, Hl. Kreuz Str. 26, um 200 n. Chr.).*

Ausblick: Das Heer der späten Kaiserzeit

Das 3. Jh. n. Chr. war geprägt von jahrzehntelangen Kriegen, in denen die Kaiser gegen Invasoren an Rhein, Donau und Euphrat sowie gegen usurpierende Provinzstatthalter im Reichsinneren kämpfen mussten, was immer wieder rasche Truppenverlegungen quer durchs Reich erforderte. Tiefgreifendere Umstrukturierungen im Militärwesen als Konsequenz aus diesen vielfältigen Bedrohungen erfolgten sukzessive unter den Kaisern Diocletian (284–305 n. Chr.; Abb. 41) und Constantin (Abb. 40). Das Heer, wie es uns seitdem in den Quellen begegnet, ist deutlich anders organisiert. So verschwand etwa die bisherige Unterscheidung zwischen Legionen und Auxiliareinheiten, war doch bereits durch Caracallas (211–217 n. Chr.) Verleihung der *civitas Romana* an fast alle Reichsbewohner ein wesentlicher Unterschied zwischen den Legionen als Bürgereinheiten und den Hilfstruppen, in denen in der Regel Nichtrömer dienten, aufgehoben. Zudem stellten die Herrscher seit dem 2. Jh. n. Chr. für Feldzüge immer wieder Truppenkontingente (*vexillationes*) zu Expeditionsarmeen zusammen (seit dem 3. Jh. n. Chr. auch *comitatus* genannt; lat. *comes*, Begleiter), die unter den Tetrarchen

Abb. 39: *Im spätrömischen Heer gab es letztlich drei Kategorien von Truppen. In absteigender Reihenfolge waren dies die Elitetruppen an den Kaiserhöfen (palatini), leistungsstarke Einheiten für Interventionen und Offensivmaßnahmen (comitatenses) in den großräumigen Verwaltungsregionen (praefecturae), in die das Reich eingeteilt war, und in Militärbezirken (Mbzk) stationierte Einheiten zu deren Kontrolle und Schutz zu Lande und zu Wasser (limitanei). Diese Rangordnung spiegelte sich in Ansehen, Privilegien und Besoldung der Soldaten wider (Cod. Theod. 7,13,7,3). Innerhalb jeder dieser drei Kategorien gab es Kavallerie- und Infanterieeinheiten.*

	Kommando	Trupp
Kaiserhof	magistri militum praesentales	palati
	magister officiorum	schol
	comites domesticorum	prote
Regionen	magistri militum per orientem / Thracias / Illyricum / Gallias	palati pseud
	traditionelle Anführer, comes foederatorum	laeti, dediti
Mbzk	comites, duces	limita

Abb. 40: *Follis, 335 n. Chr., Antiochia. Vs.: Büste des CONSTANTINVS MAX(imus) AVG(ustus), mit Rosettendiadem, Feldherrnmantel (paludamentum) und Panzer, nach rechts. Rs.: Zwei Feldzeichen zwischen einander anblickenden Soldaten mit Schild und Lanze. Die Legende verweist nach vorausgegangenen Siegen auf den Ruhm des Heeres (GLORIA EXERCITVS); im Abschnitt das Kürzel der Münzstätte: SM AN Δ.*

(Abb. 40) zu dauerhaften mobilen Begleitkorps der Regenten wurden. Constantin schließlich vollzog eine grundsätzliche Einteilung des Heeres in höherrangige Interventionsverbände (*comitatenses*: Cod. Theod. 7,20,4; Abb. 39), bestehend aus (mehrheitlich) Kavallerie (*vexillationes*) und Infanterie (*legiones*, *auxilia*), und in niedrigerrangige Territorialverbände (*limitanei*), bestehend aus Reitereinheiten, Fußtruppen und Flottillen, die mit verschiedenen alten und neuen Truppenbezeichnungen in regionalen Militärbezirken (*limites*) garnisoniert waren und dort Überwachungs- und Kontrollaufgaben wahrnahmen sowie die Land- und Wassergrenzen nach außen sicherten (Cod. Theod. 12,1,56). Das Heer wurde zudem zahlenmäßig aufgestockt, allerdings hatten die Einheiten in der Regel eine deutlich geringere Mannschaftsstärke als die bisherigen.

ategorie	Kavallerie- & Infanterieeinheiten
omitatenses	vexillationes, legiones, auxilia (seniores/iuniores)
ılatinae	scutarii, gentiles, armaturae, agentes in rebus
es domestici	equites, pedites (seniores/iuniores)
omitatenses	vexillationes, legiones, auxilia (seniores/iuniores)
mitatenses	legiones, auxiliarii (seniores/iuniores)
iles, foederati,	Einheiten nichtrömischer Krieger (Goten u.a. Ethnien)
	cunei, equites, auxilia, legiones, alae, cohortes, numeri, milites, classes

Die Statuengruppe der Tetrarchen (Abb. 41)

Die ca. 1,30 m hohe, nahezu rundplastische Tetrarchen-Gruppe an der Fassade von San Marco in Venedig ist aus rotem Porphyr gefertigt, der den Purpur kaiserlicher Kleidung zum Ausdruck bringt.
Bei den paarweise Dargestellten handelt es sich jeweils um einen Oberkaiser (Augustus), dessen höherer Rang in späterer Zeit durch einen eingeritzten Wangenbart zum Ausdruck gebracht wurde, und um einen rangniedrigeren Unterkaiser ohne Wangenbart (Caesar, im Bild rechts). Ursprünglich war dieses Unterscheidungsmerkmal nicht vorhanden, und der ältere Augustus unterschied sich vom jüngeren Caesar nur durch leicht gedrängtere, breitere Gesichtszüge. Abgesehen davon sind die vier Männer identisch gestaltet, mit starrem Blick, ohne individualisierte Züge, mit gleicher Kleidung und Bewaffnung: Sie tragen Brustpanzer, langärmelige Tunika mit Lederstreifen (*pteryges*) am unteren Ende und halboffene, mit Edelsteinen besetzte Schnürschuhe (*campagi reticuli*: HA *Gall.* 16). Sie unterscheiden sich damit deutlich vom Erscheinungsbild ihrer frühkaiserzeitlichen Vorgänger (Abb. 1). Gürtel und Scheide des Langschwerts sind reich mit Edelsteinen geschmückt. Die Herrscher halten mit ihrer Linken den Schwertgriff umfasst, dessen oberes Ende als Adlerkopf gestaltet ist. Der jeweilige Augustus umgreift mit dem rechten Arm von vorne seinen Caesar, dessen Rechte von hinten auf der Schulter des Augustus ruht. Auf dem Kopf tragen die Herrscher eine einfache Rundkappe (*pilleus Pannonicus*; als kaiserliche Kopfbedeckung bereits für Carinus [283–285 n. Chr.] belegt: Synes. *reg.* 16), die zur Ausstattung spätrömischer Soldaten gehörte (Abb. 17). Die Bohrungen über der Stirn stammen ebenfalls aus späterer Zeit und dienten vermutlich zur Befestigung eines Kopfschmucks. Die gleichgeartete Darstellung mit gegenseitiger Umarmung der Regenten sollte die (nicht selbstverständliche) Eintracht (*concordia*) der neuen Viererherrschaft zum Ausdruck bringen. Allerdings ist unklar, wer dargestellt ist: die Kaiser der ersten Tetrarchie (Augusti: Diocletianus und Maximianus; Caesares: Galerius und Constantius I. Chlorus) oder der zweiten Tetrarchie (Augusti: Galerius und Constantius I. Chlorus; Caesares: Maximinus Daia und Severus).

Neben den regulären Regimentern gab es seit dem späten 4. Jh. n. Chr. – in unterschiedlichem Umfang im Westen und Osten des Reiches – auch Einheiten aus Nichtrömern (*laeti, gentiles, foederati, dediticii*: Not. dign. occ. 42; or. 11; Cod. Theod. 7,13,16), was sich auch in zahlreichen Truppenbezeichnungen in der *Notitia dignitatum* widerspiegelt. Sie wurden im Osten im Laufe des 5. Jh.s in das reguläre Heer eingegliedert und einem *comes foederatorum* (Mal. 14,23) unterstellt.

Auf der obersten Kommandoebene richtete Constantin die Posten von Heermeistern ein: einen höherrangigen *magister equitum* für die Kavallerie und einen *magister peditum* für die Infanterie (Zos. 2,33,3; Lyd. *mag.* 2,10). Im späteren 4. Jh. n. Chr. finden sich die

Abb. 42: *Drei Soldaten aus dem 4. Jh. n. Chr., nach Fresken in Katakomben in Italien bzw. Sizilien, möglicherweise aus den auxilia palatina (Sumner). Der Soldat in der Mitte ist ausgestattet mit Kammhelm, unten gefranster, langärmeliger tunica, Kettenhemd mit Gürtel, Langschwert, Schild und Speeren. Der Soldat links ist dem Bildnis des Flavius Maximianus aus der Villa Maria-Katakombe in Syrakus nachempfunden. In eine rote tunica mit violetten Zierelementen gekleidet, ist er bewaffnet mit Speer und verziertem Rundschild. Der Soldat rechts mit Rundkappe (pilleus Pannonicus) und Speer in der Linken trägt einen langen Mantel mit crux gammata, häufig gedeutet als Glückssymbol.*

Zuständigkeiten auch auf einen Amtsträger zusammengefasst (*magister equitum et peditum* bzw. *magister utriusque militiae*). Hinzu kamen zwei Oberheermeister für die Truppen am Kaiserhof (*magistri equitum et peditum praesentales*) und auf der Ebene administrativer Regionen tätige regionale *magistri equitum et peditum* für Gallien, den Orient, für Thrakien und für das Illyricum (Not. dign. occ.

Die Befehlshaber der Truppen (s. Abb. 39)
Regionale Heermeister (*magistri militum*) befehligten die *comitatenses*, *comes* und mehrheitlich *duces* die *limitanei*. Als *pseudocomitatenses* galten Einheiten, die von den *limitanei* zu den *comitatenses* befördert wurden. Militärische Expertise wurde weitergegeben, indem man neue Einheiten aus bereits bestehenden aufstellte, wobei man die neuen als *iuniores* bezeichnete und die zuvor schon bestehenden als *seniores*. Die von Nichtrömern (*laeti* etc.) gestellten Truppen hatten vermutlich die gleichen Privilegien wie die *comitatenses*. Der oströmische Kaiser Anastasius (491–518 n. Chr.) unterstellte ab 492 n. Chr. den *duces* auch die in ihrem Zuständigkeitsbereich einquartierten *palatini* und *comitatenses*, damit im Krisenfall rasch reagiert werden konnte (Cod. Iust. 12,35,18). *Praefecti*, *praepositi* oder *tribuni* befehligten rangabhängig die einzelnen Einheiten auf Lokalebene (Not. dign. or. 42; occ. 28, 31, 42). Iustinian machte dann die seit Diocletian bestehende Trennung ziviler und militärischer Zuständigkeiten zumindest teilweise wieder rückgängig (Iust. *ed.* 13,9).

1,5–7; or. 1,5–8). Letzteren unterstanden *comites* und *duces* als Kommandeure der Verbände in den Militärbezirken.

Aus dem Jahr 365 n. Chr. ist zudem erstmals der Begriff *palatini* belegt (Cod. Theod. 8,1,10; Abb. 42). Dies waren schon zu einem früheren Zeitpunkt eingerichtete Eliteeinheiten an den Kaiserhöfen im Westen und Osten des Reiches: *scholae palatinae*, die Nachfolger der *cohortes praetoriae* unter dem Befehl des *magister officiorum* (Not. dign. occ. 9; or. 11), sowie *legiones palatinae* und *auxilia palatina*, die den *magistri militum* unterstanden (Not. dign. occ. 5–6; or. 5–6). Ferner gab es vielfältig einsetzbare *scholae* von *protectores* unter dem Oberbefehl der *magistri militum* und höherrangige *protectores domestici*, die, institutionell näher an den Kaisern verortet, als Kavalleristen und Infanteristen unter dem Kommando jeweils eines *comes domesticorum* standen (Cod. Theod. 6,24,3). Aus den *scholares* (Angehörige der *scholae palatinae*) rekrutierte sich die 40 Mann starke Leibgarde des Kaisers (*candidati*: Cod. Iust. 12,33,5,4; Const. Porphyr. *caer.* 1,86). Ferner hatten seit dem späteren 4. Jh. n. Chr. höhere Offiziere auch persönliche Gefolgschaften von zumeist wohl einigen hundert Mann, *buccellarii* genannt, die sich aus römischen und nichtrömischen Soldaten rekrutierten und teils indirekt vom Kaiser versorgt wurden. Sie bildeten eine berittene Elitetruppe zum Schutz ihrer Herren im Feld.

Neben alten Truppenbezeichnungen (*legio*, *cohors*, *ala*) finden sich solche für neu aufgestellte Einheiten: *vexillatio, cuneus, numerus, auxilium*. Auch neue Bezeichnungen für Funktionsträger in den Einheiten kommen nunmehr in Verwendung, etwa *primicerius, senator, ducenarius, centenarius, biarchus, circitor, eques, tiro* (Hier. *Ioh.* 19,10–14), wenngleich einige dieser Titel bereits um die Mitte des 3. Jh.s n. Chr. erstmals in Erscheinung treten. Für die Heeresversorgung waren die Prätoriumspräfekten (*praefecti praetorio*) zuständig, von denen jeder einen eigenen Amtsbereich (*praefectura*) hatte (*Italia, Galliae, Oriens, Illyricum*: Not. dign. occ. 1,2–3; or. 1,2–3).

Hohe militärische Kommandoposten wurden nicht mehr mit Senatoren besetzt, sondern mit militärischen Experten aus dem *equester ordo*. Den Statthaltern wurde das militärische Oberkommando ent-

Abb. 43: *Solidus, 527–538 n. Chr., Constantinopolis. Die Vorderseite präsentiert Kaiser Flavius Petrus Sabbatius Iustinianus (527–565 n. Chr.), so sein voller Name, in militärischer Sieghaftigkeit, mit Helm, Perldiadem, Panzer, geschulterter Lanze und Schild. Die Legende nennt ihn unseren Herrn, D(ominus) N(oster) und immerwährenden Kaiser, P(er)P(etuus) AVG(ustus). Die Rückseite bindet die Sieghaftigkeit an den wahren, sprich christlichen Glauben – das Reich ist christlich geworden: Die Siegesgöttin der Kaiser, VICTORIA AVGGG(ustorum), ist dargestellt mit Kreuzstab in der Rechten und Kreuzglobus in der Linken. Im Feld rechts ein Stern und das Kennzeichen der Offizin (Münzstätte), die die Münze prägte: Γ (Gamma); im Abschnitt die Sigle für das Goldmünzamt von Constantinopolis: CONOB.*

zogen – sie waren nunmehr allein für Rechtsprechung und Steuererhebung zuständig. Das Oberkommando über die Truppen in den Militärbezirken, die sich über mehrere der territorial stark verkleinerten Provinzen erstrecken konnten, führten *comites* und *duces*.

*

Iustinian (Abb. 43) war einer der bedeutendsten römischen Kaiser. Er verfolgte drei Großprojekte: die Rückeroberung verloren gegangener Reichsgebiete im Westen (Afrika, Spanien, Italien), die Einheit der Christen und die Reform des Rechtswesens, die den nachhaltigsten Erfolg hatte. Aus seinem Rechtscodex stammt der folgende Ausspruch: In zwei Dingen wurzelt der höchste Schutz des Staates (*res publica*): in Waffen (*arma*) und in Gesetzen (*leges*: *Constitutio Summa, praef.*). Mit den Waffen musste der Kaiser seine militärische Kompetenz (*virtus imperatoria*) unter Beweis stellen. Sie war über die gesamte Kaiserzeit hinweg eine unverzichtbare Qualifikation eines jeden *princeps*. Sie wurde deshalb fortwährend inszeniert, in Taten (Siegen), Worten und Bildern (etwa auf Münzen), und verkündete den Ruhm und Glanz des Kaisers.

Mit seinem Recht hat uns Rom sein größtes und nachhaltigstes geistiges Vermächtnis hinterlassen. Mit der militärischen Stärke seines Heeres, die auf einer höchst effizienten Organisation, Disziplin und Administration beruhte, schuf und schützte die Metropole am Tiber einen Kulturraum, der auf vielfältige Weise auch noch in unsere heutige Lebenswelt eingeschrieben ist.

Anhang

Quellenverweise

S. 5: zu Gehorsam verpflichtet: RMR 50 col. I 1 = TM 44820; 117 col. I 2 = TM 44772
S. 7: *ius militandi in legione*: ChLA XLVI 1364 = TM 70134
S. 7: Zenturien mit doppelter Stärke: AE 1955, 238; AE 1969/70, 633 = EDCS-11300895
S. 8: *primi ordines*: AE 2006, 1800 e
S. 8: *primus pilus*: AE 1997, 1522; *primipilus*: CIL X 4868
S. 9: *legatus Augusti pr. pr.* und Oberbefehlshaber: CIL III 1414930
S. 9: *praefectus legionis* als Legionskommandeur: CIL III 14137
S. 9: *legio* II *Parthica* mit *legatus*: AE 1993, 1587 = EDCS-03700754
S. 10: *tribunus laticlavius*: AE 2000, 1528
S. 11: *tribunus se(x)me(n)stris*: CIL III 101 = EDCS-21200170
S. 11: Bau- oder Instandsetzungsarbeiten: CIL XIII 7946
S. 11: Ansprache Hadrians in *Lambaesis*: AE 2006, 1800 e
S. 11: lesen und schreiben können: CEL 158 = TM 69865; O.Claud. I 50–71 = TM 24062–24083
S. 11: *centurio regionarius*: AE 1975, 745 = EDCS-08300513
S. 12: Traianssäule: Depeyrot 2008
S. 12: ehem. *primus pilus*: Dobson 1978
S. 12: Posten nach Primipilat: CIL III 141874; V 867; VI 1599; XI 1836 = EDCS-22000188
S. 13: *transversa crista*: EDCS-28100245
S. 14: Besoldung: Speidel 2014, 56
S. 14: *cornicularius, actarius, librarius, exactus, cerarius*: AE 1898, 109; CIL VIII 2986 = EDCS-17000071
S. 14: Übersicht zum Personaleinsatz: RMR 1 = TM 44832
S. 14: Soldatenersparnisse: P.Masada 722 = TM 78491
S. 14: *milites gregales*: CIL V 940 = EDCS-01600217
S. 14: Brief des C. Iulius Apollinarius: P.Mich. VIII 465,13–17 = TM 17239
S. 15: *dolabra*: P.Mich VIII 468,27 = TM 27081
S. 16: Publius Flavoleius Cordus: CIL XIII 7255 = EDCS-11001344
S. 16: Caecilius Avitus: RIB 492 = EDCS-07800775
S. 17: *optio*: Probst 2020
S. 17: Feldzeichenträger als Kassenverwalter: Stauner 2014
S. 17: *tesserarius*: Bell 1966
S. 17: Felsonius Verus: AE 1991, 1572 = EDCS-05000763
S. 18: Traianssäule: Depeyrot 2008; Detailbeschreibung: Töpfer 2011, 312–313
S. 18: *quaestor equitum*: AE 1998, 975 = EDCS-11801067
S. 18: *decurio legionis*: CIL XI 1526; *decurio equitum*: CIL II 1681
S. 19: Tib. Claudius Maximus: AE 1969/70, 583 = EDCS-09701197; Speidel 1970
S. 19: Münze des Traian: RIC Traian 656; Solidus Auktion 27, 2018, Los 460, © Dr. Robert Stark
S. 20: Traianssäule: Depeyrot 2008
S. 20: Kauf von Ausrüstung und Bekleidung durch Soldaten: P.Mich VIII 467,17–21 = TM 27080
S. 21: *natalis aquilae*: CIL II 6183
S. 21: Embleme: Abdy 2024, 107
S. 21: *corporate identity*: Stoll 2001
S. 23: Zustellung schriftl. Mitteilung: T.Vindon. 38 = EDCS-16200769
S. 23: *basilica exercitatoria*: CIL VII 965
S. 24: L. Septimius Viator: AE 1993, 1574 = EDCS-03700741
S. 24: Soldgelder: Speidel 2014
S. 24: 25/26 Jahre Dienstzeit: AE 1955, 238; 1969/70, 633 = EDCS-11300895
S. 26: *cohortes voluntariorum civium Romanorum*: CIL III 506
S. 26: *Maia*: RIB 2058; *Segedunum*: RIB 1300; *Arbeia*: EDCS-54601016
S. 27: Begleitung des Statthalters: AE 1967, 444
S. 27: Dienst bei *procurator Augusti*: RMR 89,4r col. I 3–6 = TM 44795
S. 28: *ala Indiana*: AE 2014, 940 = EDCS-62301397
S. 28: *cohors* II *Ulpia Galatarum*: CIL XVI 87 = EDCS-12300291
S. 28: *cohors* I *Flavia Hispanorum equitata pia fidelis*: CIL VI 32933
S. 29: Kavallerist Insus aus Trier: AE 2006, 750 = EDCS-44500091
S. 29: Versorgung der *turma* durch *curator*: RMR 76,17 = TM 44371
S. 29: Hyperanor: CIL XIII 7513 = EDCS-11001624
S. 29: Herkunftsorte der Soldaten: AE 1955, 238; 1969/70, 633 = EDCS-11300895
S. 30: *ala nova firma catafractaria*: AE 1931, 68 = EDCS-11202222
S. 30: Dromedare als Reittiere: CIL III 93

S. 31: *praefectus alae milliariae*: ILS 1418 = EDCS-19000528; Maxfield 1972, 53
S. 31: *quarta militia*: AE 1956, 124 = EDCS-13600417
S. 31: *ala Apriana*: O.Claud. II 365 = TM 29769
S. 32: Münze des Marcus Antonius: RRC 544/30; Solidus Auktion 16, 2017, Los 225; © Dr. Robert Stark
S. 32: *classis Misenensis*: CIL X 3521
S. 32: *classis Ravennas*: CIL XVI 100
S. 33: Flottenstützpunkt in Aquileia: CIL V 910; 960
S. 33: *subpraefectus*: CIL X 3334
S. 33: *cornicularius*: CIL X 3415
S. 33: *librarius*: CIL XVI 154; *cerarius*: AE 1967, 428; *exactus*: CIL VIII 21025; *exceptor*: CIL XI 77
S. 33: *scribae*: CIL X 3489
S. 33: *praepositus/dux* als Flottenkommandant: AE 1956, 124 = EDCS-13600417; AE 1968, 488
S. 33: *classis Alexandrina*: CIL XVI 32
S. 33: *classis Germanica*: CIL XIII 8036 = EDCS-11100260
S. 33: *classis Britannica*: CIL VII 18
S. 33: *classis Pontica*: AE 1888, 66 = EDCS-01000396
S. 33: *classis Pannonica*: CIL VIII 7977
S. 33: *classis Moesica*: CIL IX 3609
S. 33: *Noviodunum*: AE 1962, 166
S. 33: *Istros*: AE 1927, 60
S. 34: Korrespondenz des Cl. Terentianus: P.Mich. VIII 467–481 = TM 27080–27094
S. 34: Kriegsschiff *Neptunus*: P.Mich VIII 467 = TM 27080
S. 34: Ohne Geld …: P.Mich. VIII 468,38–41 = TM 27081; Abdy 2024, 46
S. 34: *vexillatio* nach Syrien: P.Mich. VIII 467,8
S. 34: vermutl. Teilnahme an Traians Partherfeldzug: CPJ V 667a
S. 34: Versetzung in eine Legion: P.Mich. VIII 476,33–34 = TM 27089; Abdy 2024, 46–47, 60
S. 35: Beiname *Flavia*: CIL III 10675; XVI 37
S. 35: *classis Perinthica*: IGR 781
S. 35: *classis Syriaca*: CIL III 434
S. 35: Flottendetachements in *Caesarea*: CIL VIII 9358
S. 35: *classis nova Libyca*: CIL VIII 7030
S. 35: Antonius Maximus: Hengstl 84 = TM 28137; Abdy 2024, 28, 48
S. 35: *civitas Romana*: CIL XVI 37
S. 35: höherrangigerer Spezialist: Abdy 2024, 73–87
S. 36: *numerus* als Begriff für reguläre Einheiten: RMR 98,1 = TM 44782
S. 36: *numerus collatus*: AE 1980, 960
S. 36: *numerus in Gholaia*: AE 1972, 677 = EDCS-48200101
S. 36: *numerus Hnaudifridi*: AE 1924, 94
S. 36: *numerus exploratorum Batavorum*: AE 1990, 728
S. 36: Bau von Straßen: CIL III 3200 = EDCS-54900234
S. 36: Amphitheater: AE 1937, 239
S. 36: Antoninus-Pius-Wall: CIL VII 1143
S. 36: Kastell *Gholaia*: AE 1988, 1102 = EDCS-09300557
S. 37: Heuernte: CIL VIII 4322
S. 37: Holzarbeiten: CIL XIII 6623 = EDCS-11000657
S. 37: Aufklärung und Erkundung: AE 1956, 124
S. 37: *praetendentes*: IRT 1135 = EDCS-59600076
S. 37: *Primipili* als Kommandanten von Legionsvexillationen: CIL X 6657
S. 37: equestrische Offiziere: CIL III 1464
S. 37: Titel *dux/praepositus* für Vexillationskommandeure: AE 1968, 488; CIL VIII 619
S. 37: *immunes* und *principales*: CIL III 7449
S. 37: Schriftführer, *librarius*: IRT 1231 = EDCS-48500128
S. 37: spätkaiserzeitliche Verhältnisse: CIL III 1980
S. 37: Marc-Aurel-Säule: Griebel 2013; Töpfer 2011, 335–336
S. 38: Militär in der Hauptstadt: Busch 2011
S. 38: 10 Prätorianerkohorten: CIL VI 1009
S. 38: Lage der *castra praetoria*: AAR, Tab. 184, 190
S. 38: Beförderung von Prätorianern: CIL III 7334
S. 38: *miles praetorianus*: CIL VI 2467 = EDCS-18800403
S. 39: Münze des Nerva: RIC Nerva 3; Solidus Auktion 102, 2022, Los 261; © Dr. Robert Stark
S. 39: Stadtkohorten in den *castra praetoria*: CIL VI 1009
S. 39: *urbana castra*: AAR, Tab. 199
S. 40: *milites urbaniciani*: CIL X 5403
S. 40: *cornicularii* bei Stadtkohorten: CIL VI 2869 = EDCS-10900643
S. 40: M. Cincius Nigrinus: IGR 779 = EDCS-68300021
S. 41: *subpraefectus*: CIL VI 2997
S. 41: 14 Wachposten (*excubitoria*): LRUR 105,16
S. 41: Bürgerrecht für *vigiles*: Gai. *inst.* 1,32b; Tit. Ulp. 3,5. FIRA² II, 267
S. 41: Verteilung u. vermutl. Umorganisation der *cohortes vigilum* über die Stadtbezirke Roms: Sablayrolles 1996, 278–281; LRUR 75,6; 80,3; 82, 1 u. 15; 81,17; 84,16; 93,3; 96,2 u. 4; AAR, Tab. 126, 135, 153/4, 180, 190, 195, 199, 250
S. 42: *excubitorium der cohors* VII *vigilum*: LRUR 96,2 u. 4; AAR, Taf. 250
S. 42: *genius excubitorii*: CIL VI 3010
S. 42: Graffiti von *vigiles*: CIL VI 2998–3091
S. 42: *omnia tuta*: CIL VI 2998
S. 42: *lassus sum* …: CIL VI 3072
S. 42: Dienstzeiten der *vigiles*; bis drei Jahre: CIL VI 2970; 37248; sechs bis sieben Jahre: CIL VI 2964; 2780; noch länger: CIL VI 2988; 2971; 2966

S. 42: kaiserlicher Bediensteter als Kommandant: Frank 1969, 25
S. 42: *numerus equitum singularium Augusti*: CIL VI 31138
S. 43: Aufstieg eines Gardereiters zum Legionsoffizier: CIL II² 14/2, 1031
S. 43: T. Flavius Lucilius: AE 2006, 1013 = EDCS-44200207
S. 43: *decurio princeps*: CIL VI 31174
S. 43: Kommando über die *equites singulares Augusti*: CIL VI 31147
S. 43: zwei *tribuni*: CIL VI 224
S. 43: *castra priora*: CIL VI 3236 = EDCS-18900489; AAR, Tab. 126 Nr. 51
S. 43: *castra nova*: CIL XVI 144; AAR, Tab. 126 Nr. 53
S. 43: 25 oder mehr Dienstjahre: CIL VI 31140: 29 Jahre
S. 44: gemeinsames Lager (*castra peregrina*): CIL VI 230; 231; LRUR 75,7 u. 9; AAR, a.t. 26
S. 44: *princeps castrorum peregrinorum*: CIL VI 354; 3324
S. 44: *speculatores Augusti*: CIL VI 2755; Dienst in Rom: CIL XI 6125
S. 44: *centurio speculatorum*: CIL III 5223; AE 1995, 259 = EDCS-12700212
S. 45: *speculatores* in den *castra peregrina*: CIL VI 36775; AE 1991, 268; LRUR 75,7 u. 9; 106,2; AAR, a.t. 26
S. 45: *statores Augusti/praetorii*: CIL VI 2949–58
S. 45: *numerus statorum*: CIL VI 2955
S. 45: *evocati Augusti*: CIL IX 5839; IX 5840; XI 2108; aus der Flotte: CIL X 3417, aus der *legio* II *Parthica*: CIL VI 793
S. 45: Quartiere in verschiedenen Stadtbezirken: Busch 2011, 36 Abb. 6
S. 46: Spezialverbände: ILS 9200 = EDCS-16300627
S. 46: *numerus frumentariorum*: CIL VI 3341; Clauss 1973, 83
S. 46: *exercitator militum frumentariorum*: CIL VIII 1322
S. 46: Kurierdienste: CIL III 2063
S. 46: Aufsicht über Arbeiten (Steinbrüchen/Baustellen): CIL XI 1322; ILS 9473
S. 46: Einsatzbefehl vom Kaiser: ILS 9476
S. 46: *supernumerarii*: CIL VI 1110
S. 46: *castra Ravennatium, castra Misenatium*: CIL VI 1091; LRUR 106,3 u. 6; MUR 31; AAR, Tab. 118, 247
S. 47: *missio causaria*: AE 2003, 2040
S. 47: Befreiung von Abgaben, Pflichten: CPL 103; 104 = TM 69918; 80130
S. 47: nach Truppengattungen unterschieden: Hengstl 159 = TM 22886
S. 47: Entlassungsurkunde, Legion: AE 1991, 1261 = EDCS-12100067; Auxiliartruppen: ILS 9060; AE 1980, 647
S. 47: Militärdiplom aus Slavonski Brod: AE 1997, 1273
S. 47: Marsunnia: TM Geo 29145
S. 48: *conubium*: CIL XVI 21
S. 48: frühestes Militärdiplom: CIL XVI 1
S. 49: Feierlichkeiten: RMR 117 col. I 7–9 = TM 44772
S. 49: Rückkehr in die Heimat: CIL III 7505; CIL XVI app. 13
S. 49: Niederlassung in Nähe zur ehem. Einheit: AE 1968, 646 = EDCS-09701820
S. 49: Betätigung in Landwirtschaft etc.: CIL III 3554; P.Fay. 91 = TM 10934; Dig. 49,18,4,1; Sänger 2011
S. 49: L. Iulius Serenus: P.Hamb. I 39–54 = TM 44371–TM 28695
S. 49: Karriere am Niederlassungsort: AE 1995, 311
S. 50: *comitatus*: AE 2000, 1447
S. 51: mobile Begleitkorps: AE 1981, 777
S. 51: zu *limites* und *limitanei*: Isaak 1988
S. 51: Münze des Constantinus: RIC VII Constantinus 86, Solidus Auktion 10, 2016, Los 478, © Dr. Robert Stark
S. 53: *magister equitum et peditum* bzw. *magister utriusque militiae*: CIL III 88; 3653
S. 54: Soldat der *agentes in rebus* befehligt vom *magister officiorum*: Palme 2011, Kat.-Nr. 57
S. 54: *protector* der Infanteristen: AE 1939, 45
S. 54: *buccellarii*: Schmitt 1994
S. 54: neue Bezeichnungen für Funktionsträger: Speidel 2005
S. 55: Münze des Iustinianus: MIB Iustinianus 5, Solidus Auktion 12, 2017, Los 403, © Dr. Robert Stark

ABKÜRZUNGEN

AAR: The Atlas of Ancient Rome. Biography and Portraits of the City, hg. v. A. Carandini, P. Carafa, Princeton/Oxford 2017.

1) Literarische Texte

Arr. ***tact.***: Arrianus, *Tactica*
Caes. ***civ.***: *De bello civili* – ***Gall.***: *De bello Gallico*
Cass. Dio: Cassius Dio
Const. Porphyr. ***caer.***: Constantinus Porphyrogenitus, *De caeremoniis aulae Byzantinae*
Epit. de Caes.: Epitome de Caesaribus
Fest.: Festus, *De verborum significatu* (Lindsay)
Frontin. ***strat.***: Frontinus, *Strategemata*
Gell.: Aulus Gellius, *Noctes Atticae*
HA: Historia Augusta, ***Alex.***: *Severus Alexander* – ***Claud.***: *Claudius* – ***Comm.***: *Commodus* – ***Gall.***: *Gallieni duo* – ***Hadr.***: *Hadrianus* – ***Opil.***: *Opilius Macrinus*
Hier. ***Ioh.***: Hieronymus, *Contra Iohannem Hierosolymitanum episcopum*
Ios.: Flavius Iosephus, ***ant. Iud.***: *Antiquitates Iudaicae* – ***bell. Iud.***: *De bello Iudaico*
Liv.: Titus Livius, *Ab Urbe condita*
LRUR: Libellus de Regionibus Urbis Romae, hg. v. A. Nordh, Lundae 1949.
Lyd. ***mag.***: Lydus, *De magistratibus*
Mal.: Malalas, *Chronographia* (Thurn)
MUR: Mirabilia Urbis Romae
Not. dign. occ./or.: Notitia dignitatum occidentis/orientis
Plin. ***nat.***: Plinius maior, *Naturalis historia*
Pol.: Polybios
Prisc.: Priscianus grammaticus (Keil Bd. 2)
Prok. ***HA***: Prokopios, *Historia arcana*
Ps.-Hyg. ***mun. cast.***: Pseudo-Hyginus, *De munitionibus castrorum*
R. Gest. div. Aug.: Res Gestae divi Augusti
Sall. ***Iug.***: Sallustius, *Bellum Iugurthinum*
Sen. ***benef.***: Seneca, *De beneficiis*
Strab.: Strabon
Suet.: Suetonius, ***Aug.***: *Divus Augustus* – ***Cal.***: *Caligula* – ***Claud.***: *Divus Claudius* – ***Galb.***: *Galba* – ***Tib.***: *Tiberius* – ***Tit.***: *Titus* – ***Vesp.***: *Vespasianus*
Synes. ***reg.***: Synesius, *De regno*
Tac.: Tacitus, ***ann.***: *Annales* – ***hist.***: *Historiae.*
Var. ***ling.***: Varro, *lingua Latina*
Veg. ***mil.***: Vegetius, *Epitoma rei militaris*
Zos.: Zosimos

2) Inschriften

AE: L'Année épigraphique, Paris 1888–
CIL: Corpus Inscriptionum Latinarum, hg. v. T. Mommsen et al., Berlin 1863–
EDCS: s. Internetadressen, Inschriften
ILS: Inscriptiones Latinae Selectae, hg. v. D. Dessau, Berlin 1892–1916
IGR = IGRRP: Inscriptiones Graecae ad res Romanas pertinentes, hg. v. R. Cagnat et al., Paris 1906–1927
IRT: Inscriptions of Roman Tripolitania (2021), hg. v. J. M. Reynolds et al. (https://irt2021.inslib.kcl.ac.uk/en/ [14.2.2014])
RIB: Roman Inscriptions of Britain, hg. v. R. G. Collingwood et al., Oxford 1965–

3) Papyri

CEL = c.ep.lat.: Corpus Epistularum Latinarum, hg. v. P. Cugusi, Florenz 1992–2002
ChLA: Chartae Latinae Antiquiores, hg. v. A. Bruckner, R. Marichal et al., Olten/Lausanne et al. 1954–
CPJ: Corpus Papyrorum Judaicarum, Bd. V: The Early-Roman Period (30 BCE–117 CE), hg. v. N. Hacham u. T. Ilan, Berlin/Boston 2022
Hengstl: J. Hengstl, Griechische Papyri aus Ägypten als Zeugnisse des öffentlichen und privaten Lebens, München 1978
O.Claud.: Mons Claudianus. Ostraca Graeca et Latina, hg. v. J. Bingen et al., Kairo 1992–2009
P.Fay.: Fayum Towns and their Papyri, hg. v. B. P. Grenfell et al., London 1900
P.Masada: Masada II. The Yigael Yadin Excavations 1963–1965, Final Reports. The Latin and Greek Documents, hg. v. H. M. Cotton u. J. Geiger, Jerusalem 1989
P.Mich.: Michigan Papyri, Bd. VIII: Papyri and Ostraca from Karanis, Second Series, hg. v. H. C. Youtie u. J. G. Winter, Ann Arbor 1951
RMR = Rom.Mil.Rec.: Roman Military Records on Papyrus, hg. v. R. O. Fink, Cleveland, Ohio 1971

T.Vindon.: Die römischen Schreibtafeln von Vindonissa, hg. v. M. A. Speidel, Baden-Dättwil 1996
TM: s. Internetadressen, Papyri

4) Rechtstexte

Cod. Iust.: Corpus Iuris Civilis, Codex Iustinianus
Cod. Theod.: Codex Theodosianus
Dig.: Corpus Iuris Civilis, Digesta
Gai. *inst.*: Gaius, *Institutiones*
Iust. *ed.*: Corpus Iuris Civilis, Iustinianus, *edicta*
Tit. Ulp.: Tituli XXVIII ex corpore Ulpiani, in: Fontes Iuris Romani Anteiustiniani, hg. v. S. Riccobono u. a., Florenz [2]1940

5) Münzen

MIB: Moneta Imperii Byzantini, Bd. 1, hg. v. W. Hahn, Wien 1973
RIC: The Roman Imperial Coinage, hg. v. H. Mattingly, E. A. Sydenham et al., London 1923–
RRC: Roman Republican Coinage, hg. v. M. H. Crawford, Cambridge 1974

Internetadressen

Inschriften, lateinische (AE, CIL, IRT etc.) und Abbildungen (EDCS-…) in: Epigraphik-Datenbank Clauss – Slaby: http://www.manfredclauss.de/
griechische Inschriften (IGR etc.) in: Searchable Greek Inscriptions des Packard Humanities Institute: https://epigraphy.packhum.org/
Literarische Texte, griechisch, lateinisch, mit englischer Übersetzung in: Perseus Digital Library, unter Collections/Texts, Greek and Roman Materials: http://www.perseus.tufts.edu/hopper/collection?collection=Perseus:collection:Greco-Roman
Papyri (u. Ostraka, Schreibtafeln) in der Papyrus-Datenbank: https://papyri.info/
TM…: Trismegistos, interdisziplinäre Datenbank mit bibliographischen Angaben zur jeweiligen Quelle: https://www.trismegistos.org/
Rechtstexte (nur lateinisch) in der Datenbank The Roman Law Library: https://droitromain.univ-grenoble-alpes.fr/; Nr. 10: Codex Theodosianus; Nr. 12: Corpus Iuris Civilis

Bibliografie

Heer insgesamt: Erdkamp 2007; Sabin et al. 2007; Goldsworthy 2011; Le Bohec 2015; DNP Suppl. 12; Abdy 2024 – Legionen: Breeze 1969; Junkelmann 2015 – Auxiliareinheiten: Holder 1980; Kennedy 1983; Wolff/Faure 2016; Eck 2022, 351–366 – Cohortes praetoriae: Bédoyère 2017 – Cohortes urbanae: Freis 1967 – Cohortes vigilum: Sablayrolles 1996 – Classes: Starr 1941; Kienast 1966; Reddé 1986; Hensellek 2011 – Equites singulares Augusti: Speidel 1965, 1994 – Militärdiplome: Maxfield 1972; Eck/Wolff 1986 – Vexillationen: Grosse 1920; Saxer 1967; Dobson 1986 – Heeresverwaltung: Stauner 2014; 2022 – Militärische Ausrüstung: Fischer 2012 – Spätrömisches Heer: Grosse 1920; Frank 1969; Hoffmann 1969/70; Isaac 1988; Speidel 2005; Sabin et al. 2007; Le Bohec 2010; 2015; Palme 2013; Carrié 2020.

Abdy 2024
R. Abdy, Legion: life in the Roman army, London 2024.
Bédoyère 2017
G. de la Bédoyère, Praetorian. The Rise and Fall of Rome's Imperial Bodyguard, New Haven/London 2017.
Bell 1966
E. Best, The Literate Roman Soldier, The Classical Journal 62.3, 1966, 122–127.
Breeze 1969
D. Breeze, The Organization of the Legion: The First Cohort and the Equites Legionis, Journal of Roman Studies 59, 1969, 50–55.
Busch 2011
A. W. Busch, Militär in Rom. Militärische und paramilitärische Einheiten im kaiserzeitlichen Stadtbild, Wiesbaden 2011.
Carrié 2020
J.-M. Carrié, Les recompositions de la garde à partier du IVe siècle, in: C. Wolff, P. Faure (Hgg.), Corps du chef et gardes du corps dans l'armée romaine, Paris 2020, 453–471.
Clauss 1973
Untersuchungen zu den principales des römischen Heeres von Augustus bis Diokletian: Cornicularii, speculatores, frumentarii (Diss.), Bochum 1973.
Depeyrot 2008
G. Depeyrot, Légions romaines en campagne. La colonne Trajane, Saint-Étienne 2008.
DNP Suppl. 12
Militärgeschichte der griechisch-römischen Antike, hg. v. L. Burckhardt u. M. A. Speidel, Stuttgart 2022.

Dobson 1978
B. Dobson, Die Primipilares. Entwicklung und Bedeutung, Laufbahnen und Persönlichkeiten eines römischen Offiziersranges, Bonn 1978.
Eck 2022
W. Eck, Gesellschaft und Administration im Römischen Reich, hg. v. A. Kolb, Berlin/Boston 2022.
Eck/Wolff 1986
W. Eck, H. Wolff (Hgg.), Heer und Integrationspolitik. Die römischen Militärdiplome als historische Quelle, Köln/Wien 1986.
Erdkamp 2007
P. Erdkamp, A Companion to the Roman Army, Malden, MA 2007.
Fischer 2012
Th. Fischer, Die Armee der Caesaren. Archäologie und Geschichte, Regensburg 2012.
Frank 1969
R. I. Frank, Scholae palatinae. The Palace Guards of the Later Roman Empire, Rom 1969.
Freis 1967
H. Freis, Die Cohortes urbanae, Köln/Graz 1967.
Goldsworthy 2011
A. Goldsworthy, The Complete Roman Army, London 2011.
Griebel 2013
J. Griebel, Der Kaiser im Krieg. Die Bilder der Säule des Marc Aurel, Berlin/Boston 2013.
Grosse 1920
R. Grosse, Römische Militärgeschichte von Gallienus bis zum Beginn der byzantinischen Themenverfassung, Berlin 1920.
Hensellek 2011
B. Hensellek, Matrosen für die römischen Flotten, in: Palme 2011, 49–56.
Hoffmann 1969/70
D. Hoffmann, Das spätrömische Bewegungsheer und die Notitia dignitatum, Düsseldorf 1969/70.
Holder 1980
P. A. Holder, The Auxilia from Augustus to Trajan, Oxford 1980.
Isaac 1988
B. Isaac, The meaning of the terms *limes* and *limitanei*, Journal of Roman Studies 78, 1988, 125–147.
Junkelmann 2015
M. Junkelmann, Die Legionen des Augustus. 15., gründlich überarbeitete und erweiterte Auflage, München 2015.
Kennedy 1983
D. L. Kennedy, Milliary Cohorts: The Evidence of Josephus, BJ, III.4.2(67) and of Epigraphy, Zeitschrift für Papyrologie und Epigraphik 50, 1983, 253–263.
Kienast 1966
D. Kienast, Untersuchungen zu den Kriegsflotten der römischen Kaiserzeit, Bonn 1966.
Le Bohec 2010
Y. Le Bohec, Das römische Heer in der Späten Kaiserzeit, Stuttgart 2010.
Le Bohec 2015
Y. Le Bohec (Hg.), The Encyclopedia of the Roman Army, 3 Bde., Malden, MA 2015.
Maxfield 1972
V. A. Maxfield, The Dona Militaria of the Roman Army (Diss.), Durham 1972.
Palme 2011
B. Palme, Die Legionäre des Kaisers. Soldatenleben im römischen Ägypten, Wien 2011.
Palme 2013
B. Palme, Notitia Dignitatum, in: R. S. Bagnall et al., The Encyclopedia of Ancient History, Bd. 9, Malden, MA et al. 2013, 4814–4817.
Probst 2020
P. Probst, Untersuchungen zum Optio. Seine Stellung innerhalb der Rangordnung und seine Funktion in der römischen Armee, Rahden/Westf. 2020.
Reddé 1986
M. Reddé, Mare Nostrum. Les infrastructures, le dispositif et l'histoire de la marine militaire sous l'empire romain, Rom 1986.
Sabin et al. 2007
Ph. Sabin, H. van Wees, M. Whitby (Hgg.), The Cambridge History of Greek and Roman Warfare, Bd. 2: Rome from the late Republic to the late Empire, Cambridge 2007.
Sablayrolles 1996
R. Sablayrolles, Libertinus miles. Les cohortes de vigiles, Rom 1996.
Sänger 2011
P. Sänger, Aus dem Leben zweier Veteranen, in: Palme 2011, 57–67.
Speidel 1965
M. P. Speidel, Die Equites singulares Augusti. Begleittruppe der römischen Kaiser des zweiten und dritten Jahrhunderts, Bonn 1965.
Speidel 1970
M. P. Speidel, The Captor of Decebalus. A New Inscription from Philippi, Journal of Roman Studies 60, 1970, 142–153.
Speidel 1994
M. P. Speidel, Riding for Caesar. The Roman Emperors' Horse Guard, London 1994.
Speidel 2005
M. P. Speidel, The Origin of the Late Roman Army Ranks, Tyche 20, 2005, 205–207.

Speidel 2014
M. A. Speidel, Roman army pay scales revisited: responses and answers, in: M. Reddé (Hg.), De l'or pour les braves! Soldes, armées et circulation monétaire dans le monde romain, Bordeaux 2014, 53–62.
Schmitt 1994
O. Schmitt, Die *Buccellarii*. Eine Studie zum militärischen Gefolgschaftswesen in der Spätantike, Tyche 9, 1994, 147–174.
Stauner 2014
K. Stauner, Finanzliteralität im Imperium Romanum am Beispiel der *argentarii* und *signiferi*. Dokumentationsexperten im zivilen und militärischen Finanzwesen (späte Republik – Prinzipatszeit), Tyche 29, 2014, 193–253.
Stauner 2022
K. Stauner, DNP Suppl. 12, 2022, 1117–1127, s.v. Verwaltung, C: Römisch.
Stoll 2001
O. Stoll, Zwischen Integration und Abgrenzung: Die Religion des Römischen Heeres im Nahen Osten. Studien zum Verhältnis von Armee und Zivilbevölkerung im römischen Syrien und den Nachbargebieten, St. Katharinen 2001.
Töpfer 2011
K. Töpfer, Signa militaria. Die römischen Feldzeichen in der Republik und im Prinzipat, Mainz 2011.
Wolff/Faure 2016
C. Wolff, P. Faure, Les auxiliaires de l'armée romaine. Des alliés aux fédérés, Paris 2016.

Glossar

(In Klammern steht der Begriff im Plural.)

ala (alae)	Kavallerieeinheit
aquilifer (aquiliferi)	Träger des Stangenfeldzeichens einer Legion mit aufgesetztem Adler (*aquila*)
auxilium (auxilia)	Hilfe, Hilfstruppe
bracae	Hosen
cassis (casses)	Helm
centuria (centuriae)	Zenturie, bestehend aus 80 Fußsoldaten
centurio (centuriones)	Zenturio, Kommandant einer *centuria*
cingulum (cingula)	metallbeschlagener Gürtel
civis Romanus (cives Romani)	römischer Bürger
civitas Romana	römisches Bürgerrecht
cohors (cohortes)	Kohorte, Einheit der Infanterie
cohors praetoria (cohortes praetoriae)	Prätorianerkohorte (Leibgarde der Kaiser bis Constantin)
cohors urbana (cohortes urbanae)	stadtrömische Kohorte
cohors vigilum (cohortes vigilum)	Kohorte der stadtrömischen Feuerwache
cohors voluntariorum civium Romanorum	Auxiliarkohorte, in der röm. Bürger freiwillig dienten
cornicularius (cornicularii)	*principalis* in leitender Position in der Truppenverwaltung
corona (coronae)	Krone als Auszeichnung für den Soldaten, der im Kampf gegen den Feind als erster dessen: Schiff enterte (*c. navalis*), Lager erstürmte (*c. vallaris*), Stadtmauer (*c. muralis*) erkletterte
contubernium (contubernia)	Zelt- und Kampfgemeinschaft von 8 bis 10 Soldaten
decurio (decuriones)	Kavallerieoffizier, vergleichbar dem *centurio*
donum militare (dona militaria)	militärische Auszeichnung
duplicarius (duplicarii)	Soldat mit doppeltem Sold
eques (equites)	Reiter
eques singularis Augusti	Gardereiter des Kaisers
equester ordo	zweithöchste gesellschaftliche Klasse (Ritter)
fabrica (fabricae)	Werkstatt
gladius (gladii)	(Kurz-) Schwert
hasta (hastae)	(Stoß-) Lanze

horreum (horrea)	Speichergebäude
imago (imagines)	Porträtbüste
immunis (immunes)	von schwereren Diensten freigestellter Soldat
lancea (lanceae)	Wurfspeer (Fernkampf)
legatus legionis (legati legionis)	senatorischer Legionskommandeur
legio (legiones)	Legion
legionarius (legionarii)	Legionär
librarius (librarii)	Schriftführer, Soldat in der Truppenverwaltung
manipulus (manipuli)	„Handvoll“, Manipel, bestehend aus zwei *centuriae*, Drittel einer *cohors*
miles (milites)	Soldat
milliarius	(nominell) 1.000 Mann stark
munus (munera)	(körperlich) schwerer Dienst
numerus (numeri)	(irreguläre) Einheit
optio (optiones)	Stellvertreter des *centurio*
pedes (pedites)	Fußsoldat, Infanterist
peregrinus (peregrini)	Nichtbürger
phalera (phalerae)	scheibenförmige Medaille aus Metall als Auszeichnung
pharetra (pharetrae)	Köcher
pilum (pila)	Wurfspeer (Fernkampf)
praefectus (praefecti)	equestrischer Kommandant, Präfekt
praefectus castrorum legionis	Präfekt des Legionslagers
praetorium (praetoria)	Amts- und Wohngebäude des Kommandeurs
primus pilus (primi pili)	ranghöchster *centurio* der Legion
primipilaris (primipilares)	ehemaliger *primus pilus*
principalis (principales)	von schwereren Diensten freigestellter Soldat mit höherem Sold
principia	Stabsgebäude eines Militärlagers
pugio (pugiones)	Dolch
quaestor (quaestores)	Kassenverwalter
quingenarius	(nominell) 500 Mann stark
sagum (saga)	Mantel
scutum (scuta)	Schild
sesquiplicarius (sesquiplicarii)	Soldat mit anderthalbfachem Sold
signifer (signiferi)	Träger des Stangenfeldzeichens und Verwalter der Soldatenersparnisse
signum (signa)	(Stangen-) Feldzeichen
spatha (spathae)	Langschwert (ab 60 cm)
summus curator (summi curatores)	Zuständiger für die Getreideversorgung seiner Einheit
tabula cerata (tabulae ceratae)	wachsbeschichtete Schreibtafel
tribunus angusticlavius (trib.i angust.i)	equestrischer Tribun
tribunus laticlavius (trib.i laticl.i)	senatorischer Tribun
tunica (tunicae)	Untergewand, Tunika
turma (turmae)	Turme, kleineste Reitergruppe in Kavallerieeinheiten
valetudinarium (valetudinaria)	Lazarett
vexillarius (vexillarii)	Träger eines *vexillum*
vexillum (vexilla)	Fahne als Standarte
volumen (volumina)	Schriftrolle

BILDNACHWEIS

Abb. 1, 3, 5, 11, 13, 18, 19, 25, 28, 31, 34, 35, 36, 39, 41, 44: Autor (KS)
Abb. 12, 27, 33, 40, 43: Dr. Robert Stark, Solidus Numismatik
Abb. 37: Wikimedia Commons, File: Mainz0098, gemeinfrei
Abb. 14: Wikimedia Commons, Furfur, CC BY-SA 3.0
Alle anderen Abbildungen: Illustrationen von Graham Sumner mit Copyright MULES-OF-MULES.COM und Graham Sumner

GRATIAS AGO MAXIMAS

Ich möchte mich bei Herrn PD Dr. Eckhard Meyer-Zwiffelhoffer sowie bei meinen beiden Töchtern Livia Iulia Augusta und Aurelia Antonina herzlichst dafür bedanken, dass sie das Manuskript gelesen und kommentiert haben. Mein Dank gilt ebenso Herrn Dr. Robert Stark für die großzügige Überlassung der Münzbilder.

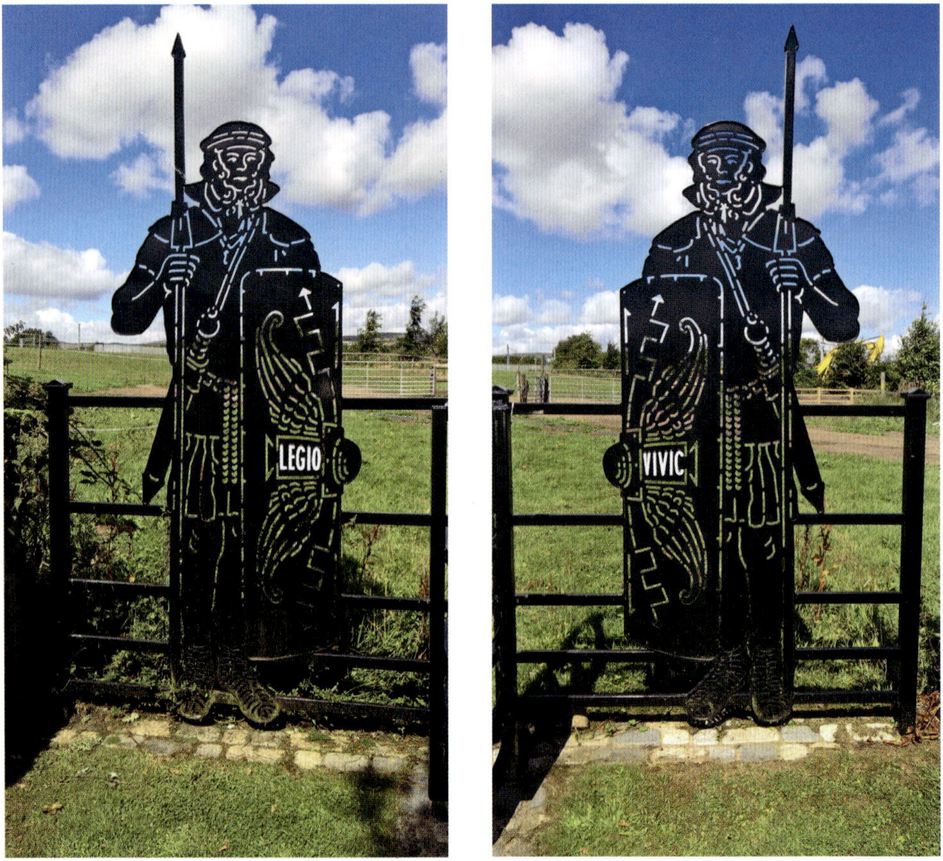

Abb. 44: *Durchgangstor am Antoninus-Pius-Wall, das von zwei „Legionären" bewacht wird.*